湖北省教育信息化发展规划

（2014—2020年）

解读

HUBEISHENG JIAOYU XINXIHUA
FAZHAN GUIHUA 2014－2020 NIAN
JIEDU

顾问　黄　俭　赵泽刚

编写　湖北教育信息化发展研究中心

长江出版传媒 | 湖北教育出版社

(鄂)新登字 02 号

图书在版编目(CIP)数据

湖北省教育信息化发展规划(2014—2020 年)解读/湖北教育信息化发展研究中心编.
—武汉:湖北教育出版社,2015.7

ISBN 978-7-5564-0211-3

Ⅰ.湖…
Ⅱ.湖…
Ⅲ.地方教育-信息化-研究-湖北省
Ⅳ.G527.63-39

中国版本图书馆 CIP 数据核字(2014)第 268892 号

湖北省教育信息化发展规划(2014—2020 年)解读
HU BEI SHENG JIAO YU XIN XI HUA FA ZHAN GUI HUA (2014—2020NIAN) JIE DU

出版人 方平
责任编辑 刘书慧　　责任校对 刘慧芳
封面设计 牛红　　责任督印 张遇春

出版发行 长江出版传媒　430070　武汉市雄楚大街 268 号
　　　　 湖北教育出版社　430015　武汉市青年路 277 号
经销 新华书店
网址 http://www.hbedup.com
印刷 湖北恒泰印务有限公司
地址 武汉市江夏庙山开发区汤逊湖工业园
开本 710mm×1000mm 1/16
印张 10
字数 155 千字
版次 2015 年 7 月第 1 版
印次 2015 年 7 月第 1 次印刷
书号 ISBN 978-7-5564-0211-3
定价 27.00 元

序 言

教育信息化具有促进教育变革和服务经济增长的双重功能,是世界各国推动教育现代化的战略途径,是国内各省推进教育现代化的重要举措,也为现代信息技术产业发展提供了重要引擎。以教育信息化推动实现教育现代化,以教育信息化催生教育信息技术产业化,是教育信息化的核心功能和本质特征。

湖北是首个国家教育信息化试点省,为大力推进教育信息化建设、高质量完成国家试点省改革任务,在省委省政府的领导下,省教育厅成立湖北省教育信息化发展规划编制专家组。经过调查研究、分析论证、征求意见,制定颁布了《湖北省教育信息化发展规划(2014—2020 年)》。规划确立了总体战略,提出了发展任务,设计了重大工程,建立了保障机制,明确了我省推进教育信息化的时间表、路线图、任务书,是我省教育信息化发展的重要指导性文件。

本书从专家视点深入解读规划内容,从国际视野、国内现状、湖北实际等角度,对教育信息化发展的总体形势和任务目标进行全面阐释,是各级教育行政部门在推进教育信息化工作过程中可资借鉴的参考资料,也是各级各类学校在组织开展学校信息化教学和管理工作方面的参考读本。在教育信息化改革试点全面加速推进之际,本书的出版恰逢其时,值得关注。

刘传铁

前 言

教育信息化是湖北省教育事业发展的重要推动力。2014年湖北省成为我国教育信息化试点省份，迎来了教育信息化发展的重大机遇和挑战。2014年8月，《湖北省教育信息化发展规划(2014—2020年)》正式发布，该规划进一步明确了湖北省教育信息化发展的目标、任务和措施，对中长期教育改革和发展也具有重要意义。

湖北省教育厅于2013年7月开始组织相关的人员积极开展预研工作，并于2013年8月正式成立规划编制工作组和专家组启动规划编制工作。经过实地调研、封闭撰稿以及征求意见等各个环节、多个轮次的工作，凝结众多专家和工作人员智慧的发展规划终于撰写完毕，该发展规划对湖北省未来几年的教育信息化建设起到前瞻性、规范性的作用。

《湖北省教育信息化发展规划(2014—2020年)解读》是规划编制组专家根据教育信息化发展规律以及湖北省教育信息化发展现状对《湖北省教育信息化发展规划(2014—2020年)》进行的深刻解读，对促进基层教育管理工作者正确理解教育信息化的战略地位，对做好湖北省教育信息化试点工作具有重要意义。规划解读由湖北省教育信息化发展规划编制专家、湖北高校人文社科重点基地——湖北教育信息化发展研究中心的吴砥、郑旭东、尉小荣、徐建等编写，规划编制专家组的各位专家为本书的付梓做出了重要贡献，湖北省教育厅为本书的编写提供了重要指导和宝贵意见，在此一并表示诚挚的感谢。

限于水平和时间，书中定有不妥之处，恳请读者不吝指正。

湖北教育信息化发展研究中心

2015年8月

目　录

第1章 教育信息化发展背景

教育信息化是构建学习型社会、提高国民整体素质的内在要求，是实现教育现代化的重要支撑，也是我国教育事业改革与发展的重要战略选择。面对知识风暴的来袭和日益激烈的国际竞争，我国政府对教育信息化的发展给予了高度重视，并将其提升至国家战略层面，动员多方力量大力推进教育领域的信息化发展。

教育信息化的概念是在20世纪90年代伴随着美国信息高速公路的兴建而提出的。在美国“信息高速公路”计划中，特别把信息技术(Information Technology)在教育中的应用作为面向21世纪教育改革的重要途径，随后世界各国纷纷效仿美国的这一举动，相继制定了推进本国信息技术在教育领域应用的计划，其中许多国家将教育信息化提升至国家战略的地位。我国自20世纪90年代开始关注信息技术对社会发展的影响，政府的各种文件也逐渐使用“教育信息化”这一概念，并于21世纪初颁布了一系列教育信息化的规划和推进政策。教育信息化概念内涵丰富，涉及不同类型教育教学过程的各个环节。在教学设施建设方面：有教室和教学用具的媒体化、智能化、网络化，如多媒体教室、虚拟仿真实验室以及接入宽带网的图书室、阅览室等；有支持随时、随地、随需的泛在的学习与教学资源，如电子文本教材、视频、教学软件、学习游戏软件等。知识的物理载体多样化，获取便捷化，为学习者的个性化学习提供了更多的选择。

1.1 信息技术应用于教育领域的重要意义

信息技术的发展推动工业经济向信息经济、知识经济的转型，也促进着工业社会向信息社会的转变，并催生了整个社会的信息化。一方面，教育信息化塑造了现代化的教育教学环境，并将信息技术知识、信息化处事思维和行为能力贯穿于人才培养过程中,以直接或间接的方式促进其信息素养的提升,有利于提高公民适应信息化生活的能力。另一方面,教育信息化可通过影响教育相关信息产品的生产和消费来影响经济增长。信息技术在教育中的应用不仅改变了教育的理念和模式,促进了创新人才的培养,还通过教育对社会和经济的发展产生影响,推动了社会的全面进步。

一、信息技术对教育的发展具有革命性的影响

信息技术在教育领域的应用正在引发一场关于教育理念、教育方式的深刻变革。教育信息化带来了广泛分布的学习资源、多样化的学习手段和学习环境,对转变教学理念、教学方式、教学手段都具有深远的影响,尤其在创新人才的培养方面表现得极为突出。一方面,创新人才培养所需要的学习认知工具和情感激励工具不断被开发和创造出来;另一方面,信息技术与课程教学的整合恰恰是创新型人才培养的必由之路,改变以教师为中心的传统教学结构、创建新型的"主导—主体相结合"教学结构(而非"以学生为中心"的教学结构),这是"整合"的实质与落脚点,因为只有这样才能最终达到创新精神与创新能力培养(即创新人才培养)的目标。① 鉴于信息技术应用在教育教学各个环节中的影响日益扩大及其对改革创新人才培养模式的重要作用,2013年,国务院发布的《"十二五"国家自主创新能力建设规划》中,将"加强教育信息化应用体系建设""提高教育信息化的技术支撑能力""加强教育管理信息化建设"等内容作为教育领域创新能力的建设重点,信息技术成为促进我国教育改革发展的重要推动力。

二、教育信息化对社会经济的发展具有重要的推动作用

改革开放以来,我国经济社会的发展取得了巨大的进步,为信息化时代的到来奠定了坚实的基础。但是,随着人口红利的逐步衰减、资源和环境的约束,传统的高耗能、资源密集型产业开始面临着转型和升级的需求。信息化产业成为知识经济时代促进经济转型的重要推动力之一,与信息化关系密切的信息消费则成为近年来促进

---

① 何克抗. 我国教育信息化理论研究新进展[J]. 中国电化教育,2011(01):1—19.

经济增长的重点领域。教育作为现代社会人类的基本活动，在信息化的发展上有着更广泛、更深层次的需求。国务院在2013年发布的《“宽带中国”战略及实施方案》中也明确指出，将信息消费作为国民经济发展的重要支柱产业予以扶持，并将教育服务列为信息消费产业的重点发展方向。我国各级各类的教育机构数量众多，体系十分庞大，为教育信息化产业的发展提供了强大的市场和发展空间。“三通两平台”建设的逐步推进，将带动网络基础设施、教育云平台、教育资源和应用服务的全面发展，在此过程中，电信运营商、技术提供商、内容提供商都将扮演重要角色，迎来前所未有的发展机遇。

1.2 世界各国教育信息化发展现状

2005年，联合国教科文组织亚太教育局发布了“技术与教学整合的教师发展区域性指导方针”，调研了不同发达国家和发展中国家教育机构接纳与采用信息技术的整个过程，并将教育信息化的发展阶段划分为起步、应用、融合与创新四个阶段。“起步”阶段的主要特征表现为教学仍然是一种以教师为中心的实践活动，教师和管理人员刚开始对信息技术在教育教学和管理中的作用有所认识。“应用”阶段表现为信息技术在教育教学和教学管理中得到了普遍应用，教师开始基于信息技术开展教育教学，并将其应用于自身的培训和专业发展。“融合”阶段主要体现在教师利用信息技术组织和开展基于项目的学习活动，管理学生的学习过程，提升学生的学习效果和发挥学生的主体作用。“创新”阶段主要体现在学校和教育机构开始采用信息技术重构学校的组织结构，教师开始应用信息技术重组教学形态，课程和教学内容的组织由“以教师为中心”逐步向“以学习者为中心”转变。通过对具有代表性的国家信息化发展历程的研究，我们可以发现，各国教育信息化的发展无不遵循着这四个阶段的发展规律。

一、美国

世界教育信息化的发展历程首先开启于欧美发达国家，美国作为世界经济头号强国，最早意识到信息技术对教育的重要影响，并于20世纪60年代开始了对计算机辅助教学的探索。[1] 为了使信息技术更好地促进教学实践和教育发展，美国通过四次教育技术规划对教育信息化的发展进行了详细规划和部署。

1996年，美国教育部制定了第一个国家教育技术计划：《帮助美国学生为21世纪做好准备：迎接技术素养的挑战》，该法案关注的重点在于构建信息化基础设施。2000年，美国教育部提出了第二个国家教育技术计划：《数字化学习——为所有孩子提供可触及的世界课堂》，该计划的发展重点由基础设施普及转向实践应用，并重点关注教师信息素养的提升。2005年，美国教育部正式制定和颁布了第三个国家教育技术计划：《迈向美国教育的黄金时代：因特网、法律和当代学生变革展望》，明确提出要确保每个教师都知道如何运用信息技术并根据学生的差异开展个性化教学。2010年，美国颁布了第四个国家教育技术计划：《变革美国教育：技术推动学习》，该计划不仅对信息基础设施提出了更高的要求，还强调了提升教师与学生信息素养的重要作用，并鼓励信息技术在教学中的深度应用，以技术手段改革评价体系，同时推动教育管理系统的深度变革。

美国教育信息化发展目标经历了“建设基础设施——加强应用——变革教与学的模式——变革教育系统”四个阶段的转变，使信息技术在教育中的影响逐步深入，最终融入教学实践中，实现教育的创新性变革。

二、欧洲地区

为了加快教育信息化的发展，英国成立了专门推动教育信息化的机构——英国教育传播与技术管理局（British Educational Communications and Technology Agency，简称BECTA）。教育部于2005年发布了“五年战略”（A Five Year Strategy for Children and Learners，2005—2010），同年又针对基础教育发布了“e战略：利用信息转变儿童学习与服务的形式”（e-Strategy-Harnessing Technology：Transforming learning and children’s services，2005—2010）。其后五年中，英国一直不断深入和拓展“e战略”，逐步强化信息技术在个性化学习和终身学习中的服务能力，技术服务的对象由学生逐渐扩展到社会学习者。

---

① 刘晓宏.美国教育信息化发展及启示[J].教育与职业，2010(19)：102—103.

德国也是教育信息化发展较早的国家之一，1994年，政府拨专款建立了被称为"教育与研究信息、数据传输高速公路"的研究网络。依托《21世纪信息社会计划》，德国教育系统在2001年为全国学校提供了免费网络。同时，德国政府还提出了"信息与通讯技术教育"计划，希望通过信息技术课程与教学，提高新一代年轻人立足现代化世界的能力，从而更好地推动社会发展。

2009年，法国政府宣布投入62亿美元，专门用于ICT（Information Communication Technology，简称ICT）的跨领域投资，其中一部分资源用于支持教育信息化的发展，包括"数字农村学校项目"。法国教育部为了保证政策与规划制定的指导性与科学性，已经启动了一项关于信息技术在学校中应用的年度信息化调查。目前，法国所有学校都配备了2兆以上的网络连接，政府的目标是在2025年使所有学校的网络连接速度超过10兆。在信息技术应用方面，法国教育部的目标是推动技术在教学中辅助性作用的发挥，并通过《信息化学生特别标准》（B2i）与C2i[①]标准的实施，以持续的评估促进学生的学习。与此同时，法国教育部重视与私营出版公司合作开发面向不同需求学习者的数字学习资源，地方教育管理部门也可自由与企业合作开发学习管理系统。

三、亚洲地区

日本从1994年首相官邸信息化战略部的建立开始正式关注信息化问题。信息化战略部所形成的一系列信息技术战略成为日本开展教育信息化的直接指导。从2001年的e-Japan战略到2005年的u-Japan战略，日本教育信息化的发展由e时代进入了u时代。

与之前的e-Japan相比，日本在2005年提出的u-Japan战略从基础建设、信息技术应用、信息技术环境建设等方面指出了完善日本信息化环境的措施，并从社会的各类应用需求出发考虑未来信息社会的构架。2006年日本出台了"新信息化改革战略"（New IT Reform Strategy），提出了人力资源开发和教育的信息技术应用构架。

为推动日本信息化战略的实现，2003年文部科学省发布了针对高等教育的教育

① 对于大学生，教育部规定了另一套标准C2i，大学生可以选择参加两种水平的认证，作为入职时证明其ICT能力的方法之一。获得一级证书代表ICT能力使用一般，二级证书则是针对如教育、法律、健康、工程和环境等不同职业领域设计的学生信息化使用能力标准。

改革计划,并于2006年1月发布了关注初、中级教育的教育改革这一重要行动计划,对信息技术的运用提出了明确的指导。2007年7月,文部科学省又发布了“教育振兴基本计划”,将教育信息化作为其重要组成部分进行了详细阐述。2010年10月,日本文部省发布了《教育信息化指南》,从学校开展信息技术教育的必要性、对学生的指导、信息化的推进、信息体制化建设等9个方面描述了今后日本教育信息化的工作重点,为推动日本教育信息化的全面深入发展提供了重要指导。

作为亚洲新兴国家的韩国,在2000年师机比达到0.9∶1,实现教师间计算机的普及以及学校教室100%的互联网可用率,其中56%的教室网速达到6—10Mbps。目前,已有86%的韩国中小学教师在课程教学中应用信息技术,72%的高校教师利用信息服务系统从事相关教学、科研活动,信息技术与教学活动联系紧密。

新加坡非常重视信息技术对推进国家经济发展的作用,至今已发布六个信息化战略规划,三个为期五年的教育信息化发展规划。新加坡教育信息化发展效果显著,2011年发布的全球学生数字化技术表现的报告(*PISA* 2009 *Results*:*Students on Line*:*Digital Technologies and Performance*)显示,新加坡43.5%的学生一周至少浏览一次学校网站,54.2%的学生至少在计算机完成一次家庭作业,41.1%的学生一周至少与同学通过e-mail讨论一次家庭作业,29.6%的学生一周至少在学校网站下载、上传、浏览一次学习资源,24.3%的学生一周至少查看一次学校网站公告,17%的学生在学校使用过笔记本电脑①。

1.3 我国的教育信息化发展现状

为了促进信息技术在教育领域的深入应用,党和国家在政策上给予了高度的重视与支持,并颁布了一系列重要文件,有效推进了我国教育信息化的深入发展。中共中央、国务院在2010年发布了《国家中长期教育改革和发展规划纲要(2010—2020年)》,教育部在2012年发布了《教育信息化十年发展规划(2011—2020年)》。2013年,党的十八届三中全会通过的《中共中央关于全面深化改革若干重大问题的决定》

---

① OECD(2011),PISA 2009 Results:Students on Line:Digital Technologies and Performance (Volume VI).

(以下简称《决定》)对全面深化改革的重要领域和关键环节作出了重大部署,《决定》明确提出了"构建利用信息化手段扩大优质教育资源覆盖面的有效机制,逐步缩小区域、城乡、校际差距"的具体要求,指明了教育信息化下一步建设的重点工作方向。除了党和政府的高度重视之外,我国教育发展过程出现的教育资源分布不均、素质教育推进困难、教育管理水平不高等难题也希冀通过教育信息化的逐步推进来破解。经过多年的建设与发展,我国教育信息化有了较大的发展,但仍然存在着很多问题,主要表现为以下几点:

一、教育信息基础设施建设发展迅速,但城乡差距仍然较大

目前中国教育和科研计算机网(CERNET)与中国教育卫星宽带传输网(CEBSat)已覆盖全国,实现了互联互通,初步形成了"天地合一"的现代远程教育传输网络,并不断向前发展,为教育信息化的发展奠定了坚实的网络基础。与此同时,部分省市已经依托网络运营商提供的基础服务建成了省市教育网,为区域内教育管理、资源应用提供高速的网络服务。但是,经济条件的差异导致我国各地区教育信息化发展水平差距较大,中、西部地区与上海、江苏等东部发达地区在网络基础设施、教育信息硬件设备等方面还存在相当大的差距。不仅如此,我国城乡教育信息化发展差距也非常明显,城市地区学校联网率为88%,而农村仅48%,城市地区学校平均生机比为15∶1,而农村仅为22∶1。①

二、数字资源体系初步形成,但是优质教育资源匮乏

目前,我国已开发了国家基础教育资源库、高等教育精品教育资源库、国家职业教育资源库、国家教师教育课程资源库等覆盖各级各类教育的数字化教育资源库,为全国众多师生提供了用于教与学的优质资源。据2008年教育部教育改革和发展战略与政策研究重大课题"教育信息化建设与应用研究"的调研结果,全国绝大多数高校已经建立了教学资源库,大多数中等职业学校也拥有了数字教学资源,而视频、PPT、电子教案等多种形式的数字教学资源也已经成为大多数中小学重要的教学资

① 规划编制专家组.《教育信息化十年发展规划(2011—2020年)》解读[M].北京:人民教育出版社,2012:110—114.

源。虽然我国数字教育资源的建设已经有了较大的发展，但是仍面临优质教育资源总量匮乏、信息技术与课程整合程度低、教育资源应用水平不高等问题，亟待在教育信息化的发展中得到解决。

三、教育管理信息化进一步发展，但数据整合任务依然繁重

经过多年的建设与发展，我国各级教育行政部门基本上建立了门户网站，并在不同程度上建立了人事、教师、学生、财务、招生等数据库，以及公文、档案存储数据库，教育管理信息化的标准制定工作也有了较大的发展，已发布多项行业标准和一项国家标准。目前，在国家和教育部的高度重视下，我国国家教育管理信息系统建设已经进入了高速发展阶段，各省市教育行政部门的教育管理系统建设快速推进，各级各类学校也在不同程度上展开了管理信息系统的建设。但是，管理信息化建设在稳步推进的同时，也面临着多重问题，主要表现为：区域、校际管理信息化水平差距大；缺乏统一的数据中心、管理中心，教育管理基本数据统计口径不一样，不同系统中统计数据差异大；各级管理系统相互独立，不能实现数据共享，无法基于数据进行监督和决策。

【拓展资源】

1. 杨宗凯．未来的教育[A]．新观点新学说学术沙龙文集7：教育创新与创新人才培养[C]．中国科学技术出版社，2010.
2. 杨宗凯．先进教室·数字教师·未来教育[N]．中国社会科学报，2013－04－17(B05).
3. 何克抗．迎接教育信息化发展新阶段的挑战[J]．中国电化教育，2006(08)：5－11.
4. 杨晓宏，梁丽．全面解读教育信息化[J]．电化教育研究，2005(01)：27－33.
5. 祝智庭．世界各国的教育信息化进程[J]．外国教育资料，1999(02)：79－80.
6. 何克抗．我国教育信息化理论研究新进展[J]．中国电化教育，2011(01)：1－19.

7. 规划编制专家组.《教育信息化十年发展规划(2011—2020 年)》解读[M]. 北京:人民教育出版社,2012:110－114.

8. 刘晓宏. 美国教育信息化发展及启示[J]. 教育与职业,2010(19):102－103.

9. 朱莎. 美国、新加坡教育信息化发展战略比较研究[D]. 武汉:华中师范大学,2013.

10. 程佳铭,金莺莲. 美国教育信息化概览[J]. 世界教育信息,2012(07):12－18.

11. 王卿,韩颖. 德国教育信息化历程之启示[J]. 科教文汇(上旬刊),2009(11):48.

12. 张力玮. 法国教育信息化概览[J]. 世界教育信息,2012(11):22－26.

13. 张建武,赵国庆,张榕玲. 日本教育信息化发展机制研究[J]. 电化教育研究,2011(2):103－106.

14. 国务院办公厅. 国务院关于印发"十二五"国家自主创新能力建设规划的通知[EB/OL]. (2013－01－15)[2014－06－08]http://www.gov.cn/zwgk/2013－05/29/content_2414100.htm.

第2章 规划编制背景

推进教育信息化，对促进教育公平、提高教育质量、实现教育现代化都具有重要的战略意义。湖北省作为我国的教育大省，在教育信息化建设浪潮的推动下，各级各类学校的信息化建设已经取得了较大的成绩。但是，相对于国家的部署要求和兄弟省市的发展状况以及我省教育改革发展的内在需求来说，仍然存在较大差距。深入了解我省教育信息化发展现状，明确我省目前教育信息化建设与发展中存在的问题，是制定规划的基本前提。因此，在制定规划前，规划编制工作组面向湖北省17个市州，近百个区县的中小学、职业学校、高校和教育管理单位开展了教育信息化发展现状的调研工作。此次调研为期3个月，问卷回收期及问卷收录分析期分别耗时30天左右。本次调查对从全局了解我省教育信息化各方面的发展状况，分析我省教育信息化现状与国家总体要求以及其他发达地区教育信息化水平差距，反应我省新时期教育信息化建设需求，并制定宏观、科学的省教育信息化发展规划具有重要意义。

2.1 湖北省教育信息化发展现状

一、基础设施得到较大改善

在信息化基础设施方面，教育信息化的终端建设已经取得了较大的进展，中小学教师信息化终端的配备比例超过三分之一。在中小学中，多媒体教室比例占50%以上的学校达到了学校总数的37.18%。在网络建设方面，校园网建设已初具规模，虽然目前湖北省中小学以及职业学校校园网带宽较低，但接入宽带网络已经成为学校信息化发展的基本趋势。①

① 本章所有关于湖北省教育信息化现状数据均来自于2013年9月至10月省教育厅办公室组织的教育信息化发展现状调研。

二、优质数字教育资源不断丰富

湖北省中小学教师教学使用的数字资源类型主要有PPT类教学课件、电子教案、课堂实录和试题库试卷库，其比例分别是79.93%、71.69%、60.89%和46.67%。教师最常用的教学资源类型为PPT和电子教案。根据调查，有74.61%的教师经常使用的数字化教学资源为PPT类教学课件，38.49%的教师经常使用电子教案。可见，数字化教育资源在我省各级学校中已经得到了不断丰富与发展，并成为教师课堂教学的重要资源。

三、信息技术教学应用不断深入

信息技术与课程的整合是教育信息化深层发展的必然趋势。经过多年的建设，湖北省信息技术应用逐渐从单一学科向多学科、从单一环节向教学全过程发展。语文、数学、英语课堂中使用信息技术的比例分别达到了82.29%、77.98%、77.63%，虚拟实验教学也已经逐步在中小学教学中得到了应用，多样化的教学信息化系统为教师课堂教学、教研、备课以及专业发展提供了帮助。在针对职业学校教学应用的调查中，拥有超过2个虚拟实验室的学校占总数的55.34%，有74.51%的职业学校开始使用实训教学软件，其中使用教学软件数量5个以上的学校占39.22%。

四、教育管理信息化水平明显提高

通过多年建设，湖北省政务管理信息化以及校务管理信息化都取得了较大的成绩。在调研的教育行政管理部门中，建有政务外网的单位高达81.93%，还有近50%的教育管理部门建有政务内网，89.29%的教育管理部门已经拥有公共应用信息系统，其中使用信息发布与管理系统的部门高达72.62%。从数据可以看出，信息技术在我省教育行政部门的应用已经达到了较高的水平，正逐步形成信息化管理的常态化。在学校管理方面，学校校务管理信息化的基础已经形成，但目前处在重点建设阶段，下一步需要整合现有的功能模块和数据，完善教育信息管理系统，使学校管理更加高效和便捷。

2.2 湖北省教育信息化面临的问题

一、各地积极开展教育信息化建设,但缺乏上层设计和统筹规划

湖北省各级教育管理单位非常重视教育信息化发展,分别对各自辖区内教育信息化的发展投入了大量人力物力,并颁布了促进信息化发展的相关文件。然而,湖北省教育信息化仍面临以下问题:第一,由于各地区经济条件和地理条件差异较大,教育信息化发展不均衡。第二,教育信息化应用层次参差不齐,整体发展不协调。归根结底,缺乏统一的规划与管理是造成湖北省教育信息化应用程度差异较大,形成信息孤岛的重要原因之一。统筹规划教育信息化建设过程,对各地区教育信息化建设进行统一管理,加强各地区学校的交流与合作,不仅能通过规划将孤立的片区有重点、有层次地连接起来,而且能通过区校之间的强强联合以及先进区校带动落后区校等措施实现整体发展与共同进步。

二、基础设施建设虽已初具规模,但仍无法满足信息化纵深发展的需要

从基础教育和职业教育的公共基础设施建设相关数据中可看出,在设备配置方面,湖北省整体的计算机以及其他教育信息化设备配备率已经有很大提升,为我省教育信息化的发展打下了坚实的基础。但应注意的是,湖北省先进的硬件设备普及率还不高,尤其是学生信息化终端远未实现普及,仍然是我省教育信息化基础设施建设面临的重要问题。在网络条件基础设施方面,湖北省中小学生机比平均值为18.76比1,师机比平均值为2.56比1,无法满足教育信息化全面、系统、深入发展的需要。同时,湖北省城乡教育信息化基础设备建设的差距较大,偏远地区学校、教学点的信息化基础设备不完善,成为我省基础教育信息化的薄弱环节。

三、各地区、各校资源和数据分散重复，缺乏统一平台的整合与管理

经过多年建设，湖北省各区县、中小学都已具备了一定储量的数字化教育资源，配备了相应的信息化软硬件设施。但是，各地区、各校因缺乏统一的资源平台和数据平台，导致资源和数据处于孤立状态，影响了区域、学校之间资源与数据的共享，降低了信息化的效益。除此之外，各校开发的优质教育资源没有形成共享机制，也没有形成对现有数字化教育资源的管理与应用机制，导致优质教育资源无法惠及大众，资源建设出现重复浪费的情况。在数据管理方面，湖北省目前尚无统一的数据平台，各地区和学校形成信息孤岛，造成教育管理中数据流通与应用的困难。人事信息、学生信息、考试信息等各类教育基础数据信息不能互通，严重制约了其可用性和共用性。

四、教育与技术融合层次有待深化，信息化环境下的教学模式亟待创新

在信息化教学的发展方面，湖北省还处于比较低层次“应用”阶段，主要表现在：第一，信息技术尚未充分发挥其改革教学模式的作用。教育信息化主要体现在多媒体课件制作、备课、考试等辅助教学环节，教师依旧是课堂的中心，依托信息技术展开的互动性、研究性教学设计应用不多。第二，尚未建成覆盖全省的优质资源共享平台和相关学习应用服务，绝大部分学校没有开发互联互通的应用空间，优质教育资源传播范围有限，还未深入教师教学应用以及学生的学习生活，基于信息技术的协作学习、合作学习、项目学习等以学生为中心的学习模式，还未在中小学日常教学中实现广泛、深入的实践。

五、教育信息化发展缺少持续动力，长效发展机制尚未建立

教育信息化的发展是一项长期的事业和系统工程，需要人才队伍、资金投入和体制机制等各方面的支持。目前，教育技术应用能力较高的教师、信息化专业技术人才以及具有高素质、高执行力和领导力的管理人员队伍建设还有待加强，人才的培养和晋升机制也需要进一步完善。目前，湖北省在教育信息化资金投入上主要由政府承

担,社会各界参与信息化建设的市场机制还不完善,“政——产——学——研——用”一体化的良性发展机制尚未形成,政企、校企合作模式有待拓展,教育信息化建设发展缺乏持续动力。

2.3 湖北省教育信息化规划编制路径

一、发展需求分析

规划编制专家组从各级各类教育发展、信息化工作推进以及教育管理信息化等方面对湖北省教育信息化的现状、实际需要与发展目标进行了分析,得出以下结论。

在基础教育方面,我省面临的问题主要是区域发展不均衡,因此促进优质教育资源均衡发展,实现教育公平是目前基础教育的主要诉求;在职业教育方面,我省面临的问题主要是教学资源缺乏,产业对接水平低,因此加大基于信息化的实验实训系统建设,实现与行业的对接是发展职业教育的主要任务;在高等教育方面,优质资源建设初具规模,但质量有限,应用水平不高,高校的社会服务能力还有相当大的提升空间,下阶段的主要任务是促进优质教育资源的整合,实现资源共享,提高资源利用效率;在继续教育方面,继续教育优质资源缺乏,尚未形成支持终身教育的教育服务体系,根据继续教育的群体特征,下阶段的主要任务在于构建灵活个性化的继续教育服务体系;在教育管理信息化方面,尚未建立全省统一的基础数据中心,管理信息系统有待完善,服务能力也有待提升,同时也需要建立统一、高效的管理信息系统。

教育信息化的工作推进,既涉及与教学、科研、管理等方面融合的思想意识、管理机制等问题,也涉及经费投入、人员队伍等工程要素问题,需要在教育信息化规划中统筹考虑。在推进湖北省教育信息化的过程中,主要反映了如下问题:

意识问题:表现为各级各类学校和管理机构对教育信息化的战略地位领会不够深刻,缺乏关于教育信息化建设的目的、目标、方法和途径等理论知识。

机制问题:表现为教育信息化的政策执行和管理机制尚不十分健全,权责划分不够明晰,多方参与机制尚未形成。

经费问题:表现为经费总体投入不足,缺乏持续性、长效性的投入机制,经费使用结构不合理，重硬件投入而轻应用服务建设的投入。

队伍问题：表现为专兼职人员队伍建设不足，岗位设置、评聘体系等方面尚不完善，人员培训有待加强，专业人才支持的运维服务体系尚未形成。

二、确定目标任务

目标任务是湖北省教育信息化发展规划编制的核心工作之一，是指导未来7年湖北省教育信息化发展的主要参照及评估依据，因此必须集国家发展目标、教育信息化发展趋势以及湖北省特色等多种相关因素为一体，确保目标制定的科学性、适切性与可操作性。

首先，研究确定我省教育信息化整体发展的目标。湖北省是我国的教育大省，经过多年的发展，其教育信息化发展已经具备了一定的基础，并于2014年被国家列为教育信息化试点省份。因此，教育信息化的发展目标是使湖北省教育信息化对教育改革发展的支撑作用充分体现。

其次，研究确定湖北省教育信息化整体发展的具体目标。一方面，在制定具体目标时，需要参考国家和湖北省有关教育信息化发展的目标和要求，规划参考的主要文件纲领有：《国家中长期教育改革和发展规划纲要（2010—2020年）》《教育信息化十年发展规划（2011—2020年）》，教育部下发的湖北省教育信息化“三通两平台”完成指标以及《湖北省中长期教育改革与发展纲要（2011—2020年）》等关于教育信息化发展的相关要求。另一方面，考虑到我省正处于经济改革与发展的关键期，各地经济条件、信息化社会基础不尽相同，因此在具体目标的制定时，应该结合湖北省教育厅业务处室意见与专家意见。

三、组织编制工作

规划的组织编制工作自2013年7月起到2014年4月，共经历了10个月的时间。为了保证规划的科学性和指导性，省教育厅相关领导与规划编制专家组首先确立了定位中观层次、立足现实着眼未来、满足湖北省当前发展需要的规划编制思路。在此基础上，确定了湖北省教育信息化现状调研以及专家组编制规划的工作组织方法。《湖北省教育信息化发展规划（2014—2020年）》文稿的编制历经四个阶段，凝聚众多湖北省各级教育行政单位工作人员以及专家组专家成员的心血,在经过60余次修改后,最终成型。

(一)编制思路

1. 定位中观层次

教育信息化对教育现代化的作用主要体现为"支撑"和"引领",但它并不能解决教育发展的所有问题。《湖北省教育信息化发展规划(2014—2020年)》是一个特定前提下的有限目标规划,其定位于落实《教育信息化十年发展规划(2011—2020年)》对教育信息化的总体部署和要求,并指导完成《湖北省中长期教育改革和发展规划纲要(2011—2020年)》提出的任务。因而《湖北省教育信息化发展规划(2014—2020年)》的定位低于国家规划但高于地市、县区的中观层次,比国家规划更具操作性,比地方规划更重视指导性和前瞻性。

2. 立足现实着眼未来

湖北省是中部的教育大省,经济条件与地理条件较为复杂,各地区教育的发展也各有特点,因此,我省的教育信息化发展规划必须从湖北省的实际特点和需求出发,重视以信息技术提高全省的教育教学质量,促进教育公平,并积极引导全省各级各类教育开展教学改革,促进学生的全面发展,在这一进程中依托我省高校、科研院所的实力促进省教育信息化产业的崛起,推动社会和谐与经济发展。

教育信息化是一个复杂、动态化的过程,教育信息化建设是一项长期的任务,必须深入研究发达国家和地区教育信息化发展规律和趋势,充分吸收其有益经验和教训,拓展规划制定的视野,提高规划制定的战略基点,为教育信息化的后续发展奠定良好的基础。

3. 满足湖北省当前教育发展的需要

规划制定要以利用信息技术解决实际问题为着眼点,以急、重、难问题为抓手,以点带面,以解决关键性问题带动全面发展的思路推动全省教育的发展。在重点需要解决的问题中,各级各类教育的均衡发展、优质资源共享、教学模式创新、长效发展机制的形成都是规划亟待解决的问题,是当前湖北省教育发展的重点。

(二)工作组织方式

继成立了规划编制领导小组后,成立了由教育学、教育技术学、信息技术等领域的专家和企业领导者以及中小学学校代表构成的教育信息化规划编制专家组。在湖北省教育厅的大力支持下，教育信息化规划编制专家组开展了调研工作以及规划撰写工作。调研工作与规划撰写工作同时进行。调研分实地调研与问卷调研两种方式，其中，问卷调研向全省17个市州40%左右的县、市、区发放，共收回问卷2000多份，其中中小学、职业学校覆盖率约20%，高等学校30%，教育管理单位为60%以上。

专家组在规划编制方面的工作方式依照规划编制进展时间轴分为分工协作、合稿统稿、封闭改稿三项工作。这三项工作并不是一次完成，而是循环往复的，推动其不断向前的是调研工作的逐步深入以及我国与湖北省教育信息化的变化发展。从规划完成的内容来看，分工协作、合稿统稿以及封闭改稿三阶段的每一次循环都使规划向前推进，不断优化，直至完成。

（三）工作过程

湖北省教育信息化规划的编制工作共经历了前期准备、初步起草、调整提升、打磨优化等四个阶段的发展。经过60余次的修改，最终完成了规划的编制工作。

1. 第一阶段：前期准备

前期准备阶段的主要工作内容包括：第一，收集规划相关的文献材料以及覆盖全省教育信息化建设现状的调研材料；第二，筹备规划编制的相关工作（如确定编制工作机制、明确编制人员职责等）；第三，联络教育技术学、教育学、信息技术领域的专家、企业人员以及基层学校管理人员，组成教育信息化规划编制专家组。

2. 第二阶段：初步起草

初步起草阶段，规划编制专家组与湖北省各级教育行政单位工作人员就其负责的工作领域中的难点与问题、需要教育信息化助力解决的问题以及对规划的需求展开了调研，主要以调研会议、座谈会议的形式展开，规划编制专家组收集并了解了湖北省当前教育信息化发展的基本状况以及发展需求，增强了规划制定的针对性。在初步起草阶段，规划编制专家通过先分工起草、合稿再封闭改稿的工作方式，形成了规划雏形。

3. 第三阶段：调整提升

规划的第三个阶段即调整提升阶段。在此阶段，规划形成了第一次征求意见稿，面向各级教育行政部门征求意见，专家就征求意见分工改稿、封闭合稿，并确定了规划的主体结构，随着国家、省教育信息化建设和需求的不断变化，规划编制专家组专家随之对规划进行修改和完善。

4. 第四阶段：打磨优化

在打磨优化阶段，规划形成了第二次征求意见稿，并面向地方教育局、电教馆、校长代表及教师代表征求意见，12 月中旬专家组进行了第五次封闭改稿，形成了第三次征求意见稿，并再次向省级业务处室征求意见。经历了前三个阶段的起草、整合与提升，湖北省教育信息化发展规划在第四阶段的主要工作即对规划的结构进行优化，进一步完善细节。

第3章 规划结构解析

3.1 规划的总体结构

《湖北省教育信息化发展规划(2014—2020年)》由总体战略、发展任务、重大工程、保障机制四部分组成,共20章,总体结构如图1所示。

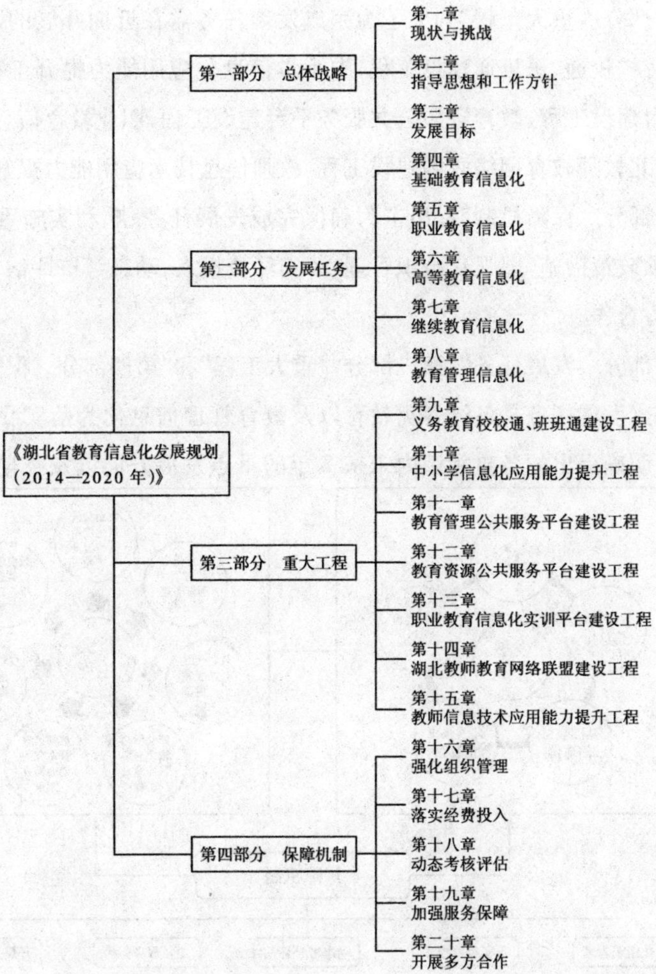

图1 《湖北省教育信息化发展规划(2014—2020年)》总体内容结构

“第一部分　总体战略”在分析现状与挑战的基础上，系统阐述了教育信息化工作开展的指导思想和“把握方向，遵循规律；分类推进，特色引领；应用驱动，机制创新”的24字工作方针，同时提出了2014—2020年湖北省教育信息化工作的发展目标，其中包括总体目标、具体目标及阶段目标三大部分。

“第二部分　发展任务”提出了为实现规划目标，各级各类教育信息化需推进落实的5项主要任务，即基础教育信息化、职业教育信息化、高等教育信息化、继续教育信息化及教育管理信息化。

“第三部分　重大工程”列出了为完成发展任务需在近期开展的7项重大工程，即义务教育校校通、班班通建设工程，中小学信息化应用能力提升工程，教育管理公共服务平台建设工程，教育资源公共服务平台建设工程，职业教育信息化实训平台建设工程，湖北教师教育网络联盟建设工程，教师信息技术应用能力提升工程。

“第四部分　保障机制”提出了为确保完成发展任务、顺利实施重大工程建设而采取的5项政策措施，即强化组织管理、落实经费投入、动态考核评估、加强服务保障及开展多方合作。

“第二部分　发展任务”“第三部分　重大工程”和“第四部分　保障机制”是规划的主体部分，发展任务是各级各类教育以及教育管理信息化为落实我省教育信息化发展目标，明确提出的各自领域内未来7年的重点发展方向以及长期发展任务。重

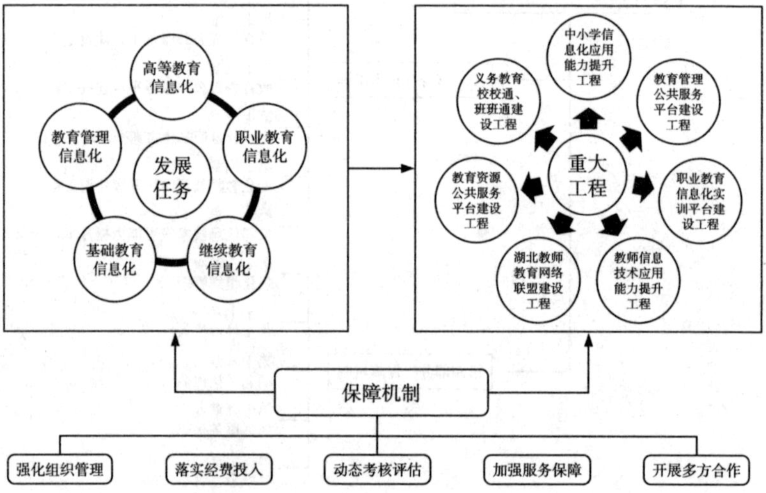

图2　《湖北省教育信息化发展规划(2014—2020年)》主体部分的结构关系

大工程则是近期我省在教育信息化重点发展方向上的主要措施，而保障机制则是发展任务和重大工程顺利开展和实施的支撑，三者之间的关系如图2所示。

3.2 "第一部分 总体战略"的内容结构解析

"第一部分 总体战略"是湖北省教育信息化发展规划的总纲，包括第1至第3章。第1章概述了湖北省教育信息化工作取得的巨大成就，剖析了教育信息化工作面临的挑战，分析了教育信息化工作存在的矛盾和问题。第2章系统阐述了2014年到2020年湖北省教育信息化的指导思想，提出了"把握方向，遵循规律；分类推进，特色引领；应用驱动，机制创新"的24字工作方针。第3章从立足湖北省发展需要和在激烈的全国竞争中赢得主动位置的战略考虑出发，提出了未来几年湖北省教育信息化的发展目标，包括"形成满足教学与管理需要的信息化基础环境，促进信息技术与教育教学全面深度融合，实现教育信息化的可持续发展，服务湖北教育现代化和学习型社会建设，带动数字教育服务产业发展。使每个教师都能自如运用信息技术给学生上好课，使每个学生都能随时随地获取优质数字化学习资源，健康快乐成长"的总体发展目标和5个方面的具体目标，即"教育信息基础设施普及完善、优质数字教育

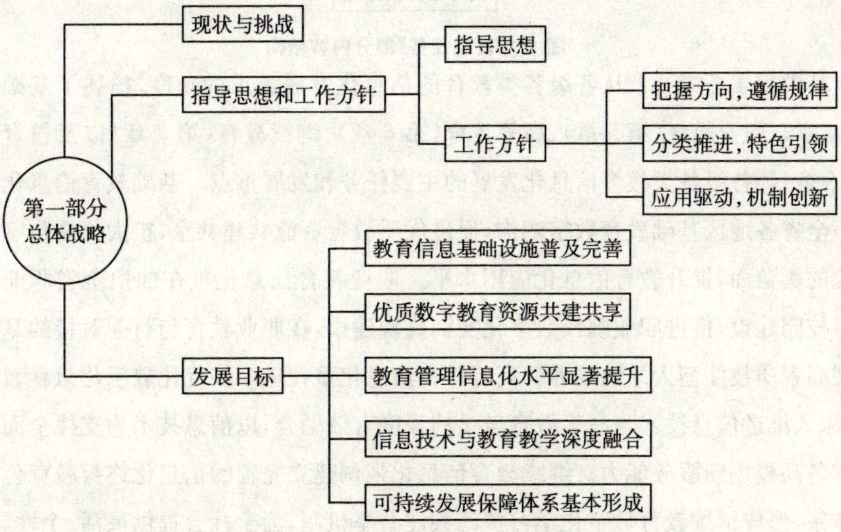

图3 "总体战略"部分内容结构

资源共建共享、教育管理信息化水平显著提升、信息技术与教育教学深度融合及可持续发展保障体系基本形成”，上述发展目标的制定为我省教育信息化工作指明了方向。“总体战略”部分的内容结构如图3所示。

3.3 “第二部分　发展任务”的内容结构解析

“第二部分　发展任务”包括第4至第8章，是根据湖北省教育信息化发展规划的总体目标所提出的，对湖北省各类教育信息化进行了全面、具体的任务部署，描绘了我省教育信息化中长期发展蓝图。该部分内容紧密结合了当前湖北省教育信息化的发展现状和面临的挑战，以湖北省教育信息化发展的指导思想和工作方针为核心，提出了为实现我省教育信息化发展目标需要落实的5项主要任务。该部分的内容结构如图4所示。

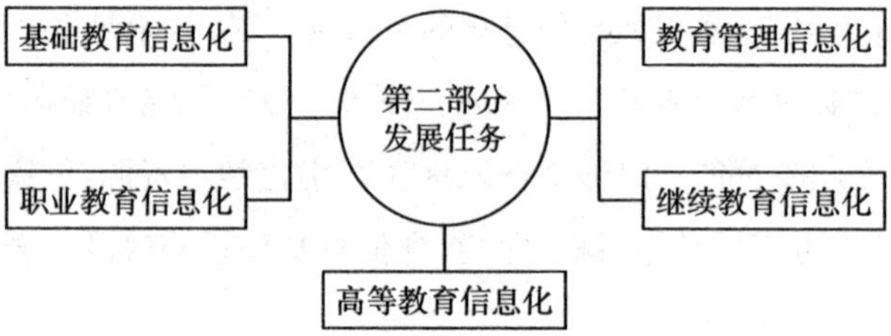

图4　“发展任务”部分内容结构

其中第4至第8章从各级各类教育的信息化发展需求的角度，描述了基础教育(第4章)、职业教育(第5章)、高等教育(第6章)、继续教育(第7章)以及教育管理(第8章)等各级各类教育信息化发展的主要任务和发展重点。基础教育信息化重在缩小全省各地区基础教育数字鸿沟，促进优质教育资源共建共享，扩大优质数字教育资源的覆盖面，提升教育信息化应用水平。职业教育信息化重在加快全省职业院校数字校园建设，推进职业院校数字化实训资源建设，在职业教育与行业对接的基础上实现高素质技能型人才的培养。高等教育信息化重在进一步优化数字化教育教学资源，深入推进信息技术与高等教育教学的深度有效融合，以信息技术为支撑全面提升我省各高校创新服务能力。继续教育信息化强调建立完善的信息化终身教育公共服务体系，形成继续教育数字化学习资源共建共享机制，为全社会提供灵活、个性、普惠的信息化终身学习环境。教育管理信息化强调提高全省教育行政机构和各级各类学校的信息化管理水平，全方位深化信息技术在教育管理中的应用。

3.4 “第三部分 重大工程”的内容结构解析

“第三部分 重大工程”包括第 9 至第 15 章，提出了为实现规划项目、完成发展任务，需在近期启动实施的 7 项重大项目，包括义务教育校校通和班班通建设工程（第 9 章）、中小学信息化应用能力提升工程（第 10 章）、教育管理公共服务平台建设工程（第 11 章）、教育资源公共服务平台建设工程（第 12 章）、职业教育信息化实训平台建设工程（第 13 章）、湖北教师教育网络联盟建设工程（第 14 章）以及教师信息技术应用能力提升工程（第 15 章）。

需要说明的是，“第二部分 发展任务”是以 2020 年为时间节点的中长期宏观任务。“第三部分 重大工程”主要提出了 2015 年前重点实施的一系列建设项目，目标是初步解决我省教育信息化发展中的重大问题，基本形成与国家教育现代化发展目标相适应的教育信息化体系；2016—2020 年是重大工程的巩固提升阶段，需要根据重大工程的建设进展、教育改革发展实际需求和教育信息化自身发展状况，确定各项工程的建设重点和阶段性目标。重大工程的内容框架如图 5 所示。

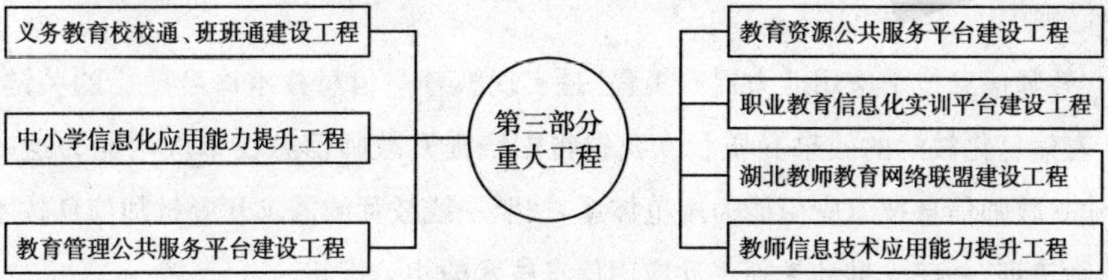

图 5 “重大工程”部分内容结构

“义务教育校校通、班班通建设工程”是我省教育信息化建设极其重要的组成部分，将实现宽带网络的全面覆盖，完成网络条件下的基本教学环境建设，实现优质资源“班班通”，从而推进信息技术在教学教研活动中的普遍应用，通过共享优质数字教育资源并利用现代信息技术手段提高全省教学质量，促进全省教育均衡发展。

“中小学信息化应用能力提升工程”是我省教育信息化下一步发展的重点工作，将实现教学点优质资源全覆盖，探索教育信息化发展机制，促进技术在教学与管理中的深层次应用，从而提升我省中小学信息化应用能力，实现教育与技术的深度融合。

“教育管理公共服务平台建设工程”是支撑教育管理现代化的基础工程。在未来7年中，我省将构建省级教育管理数据中心，建设湖北省教育管理公共服务平台，提升教育管理水平和公共服务能力，为各级教育行政部门和各级各类学校的教育管理和教育决策提供支持，为全省社会公众提供教育信息和教育管理服务。

“教育资源公共服务平台建设工程”是实现优质资源共享的重要支撑，是推进教育信息化的基础工程和关键环节。我省教育资源公共服务平台建设工程将依托湖北省教育资源公共服务平台，形成数字资源研发、汇聚和管理机制，实现网络学习空间的全面普及和应用，以适应我省教育现代化的发展需求。

“职业教育信息化实训平台建设工程”是职业教育信息化发展的重点。我省将面向省内对职业学校高素质技能型人才培养有急迫需求的行业，从优质资源建设、仿真系统建设与管理、教师队伍建设以及平台运行与管理机制建设等四方面着力发展仿真实训平台的建设工程。

“湖北教师教育网络联盟建设工程”是以信息技术促进湖北教师教育水平整体提升，变革教师教育发展体制机制的创新性工程。我省将大力开发湖北教师教育网络联盟信息化支持系统，以湖北省高等学校教师教育联盟为基础，以华中师范大学为龙头，面向省内师范院校建设湖北教师教育网络联盟，加强校际间的合作沟通与资源共享。

“教师信息技术应用能力提升工程”是实现教育与信息技术深度融合的关键，也决定着信息化教学的效果和质量。我省将围绕提升教师信息技术应用能力这一主题，建立教师信息技术应用能力规范体系，按照一线教师的需求开展教师信息技术应用能力培训，并建立推动教师主动应用信息技术的相关机制。

3.5 “第四部分　保障机制”的内容结构解析

“第四部分　保障机制”包括第16至第20章，从强化组织管理（第16章）、落实经费投入（第17章）、动态考核评估（第18章）、加强服务保障（第19章）、开展多方合作（第20章）等五个方面提出了为确保完成教育信息化发展任务、顺利实施行动计划而采取的政策保障机制。该部分的内容结构如图6所示。

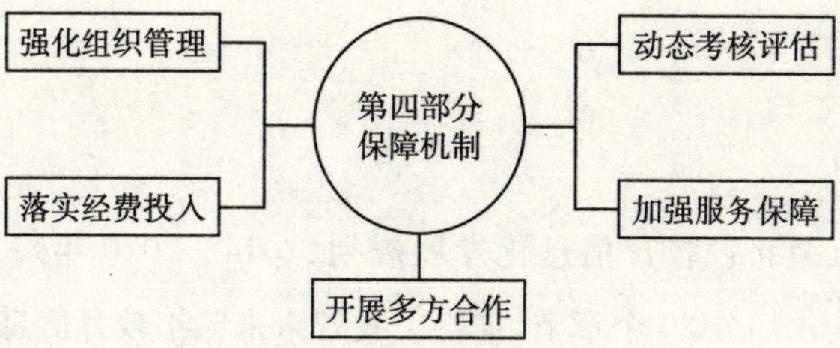

图6 “保障机制”部分内容结构图

第16章从加强组织领导、明确责任主体、强化统筹推进三个层次阐述了组织管理的强化机制，提出了“在省、市、县三级教育行政机构建立教育信息化专门工作机构”的战略决策，明确了政府、各级教育行政机构和各类学校及校长的责任主体地位，确定形成“省级统筹、上下联动、以县为主、多方协同”的工作推进机制，为健全教育信息化建设的物质保障机制提供了策略引导。第17章从落实政府经费投入、拓宽经费措施渠道、加强经费开支监管三个方面着手探讨落实经费投入的方法与策略。第18章从建立评价指标体系、施行督导考核制度、完善激励机制三个方面论述了动态考核评估机制，为教育信息化建设提供了政策保障机制。服务保障的加强依赖于专业人员队伍建设、研究与运维支持服务体系的构建以及信息化人才的培养。第19章对通过技术手段加强服务保障、提高服务质量进行了详细论述。在第16章至第19章的基础上，第20章从国际交流与合作、区域合作、校际合作、企业合作和产业培育等多个视角出发，制定多方合作计划与策略，对保持湖北省教育信息化发展战略制定的前瞻性大有裨益。

该部分所指涉的五大保障机制对促进湖北省各地区教育信息化协同发展具有重大战略价值。其中，加强组织管理是顺利推进教育信息化建设相关工作的基础性政策保障，落实经费投入是支持教育信息化长期建设的重要物质保障，完善动态考核评估机制是指导当前信息化建设工作、规划未来发展任务的重要依据和关键环节，开展多方合作则可为促进湖北省教育信息化建设的可持续发展提供人才支持和资源支撑。

第4章 规划文字解读

《湖北省教育信息化发展规划(2014—2020年)》总体有12000多字,共4部分20个章节,描绘了我省未来7年教育信息化发展蓝图和路线图,对推动我省教育信息化发展,完成国家教育信息化试点省份建设任务具有重要意义。为使《湖北省教育信息化发展规划(2014—2020年)》得到更好贯彻和落实,本书结合湖北省教育信息化调查的现状、教育信息化发展基本规律对规划文本每一章节的要点进行了阐释和解读。

4.1 总体战略解读

一、现状与挑战

【原文】

信息技术对教育发展具有革命性影响,以教育信息化带动教育现代化,是我国教育改革和发展的战略选择。教育部《教育信息化十年发展规划(2011—2020年)》明确提出:"用十年左右的时间初步建成具有中国特色的教育信息化体系,使我国教育信息化整体上接近国际先进水平,推进教育事业的科学发展。"

发展教育信息化将极大推动我省经济发展方式的转变和经济结构的转型升级。国务院2013年发布的《"宽带中国"战略及实施方案》明确提出将教育领域列为深化宽带网络应用、促进信息消费发展的重点方向。湖北省作为正处在改革发展关键期的中部大省,提高教育信息消费水平、形成成熟的数字教育服务产业,对于构建促进中部崛起战略支点、推进"两圈一带"总体战略、建设东湖国家自主创新示范区、促进我省经济发展和社会全面进步具有重要意义。

湖北历来十分重视利用信息技术促进教育公平，提高教育质量，培养创新人才，带动产业发展。经过十余年的发展，已经具备了一定基础，并于2014年1月获批在全国率先开展教育信息化省级试点。目前，湖北省教育信息基础设施得到较大改善，优质数字教育资源不断丰富，信息技术教学应用不断深入，教育管理信息化水平明显提高，数字教育服务产业逐步壮大。全省中小学已有5.7万个多媒体教室建成并投入使用，5000多所中小学已经接入互联网，教师信息化教学终端设备配置率约为39%，覆盖全省的教师、学生、学校三大基础信息数据库初步建成。

然而也应该看到，作为教育信息化试点省份，我省教育信息基础设施依然相对薄弱，全省仍有约40%的中小学尚未接入互联网，学生信息化学习终端设备配置率不到10%，利用信息技术扩大优质教育资源覆盖面的有效机制尚不完善，区域、城乡、校际之间发展水平差距较大，教育信息化管理体制机制尚未理顺，教育信息化总体发展水平相对较低，还不能满足湖北教育现代化建设需求，对产业的拉动效应尚未充分显现。

利用信息技术促进教育公平，提高教育质量，转变教育发展方式和学校发展模式，是建设教育强省、实现湖北教育现代化的必由之路。以教育信息化带动数字教育服务产业发展，对促进我省经济转型、建设创新型省份也具有十分重要的意义。

【解读】

《湖北省教育信息化发展规划(2014—2020年)》的第1章阐明了教育信息化对教育发展的革命性影响以及对湖北省经济发展方式转变、经济结构调整的重要意义，概述了我省教育信息化工作已取得的巨大成就，剖析了教育信息化工作面临的困难和挑战，同时也指出了其中存在的矛盾和问题。

(一)信息技术对教育发展具有革命性影响

进入21世纪以来，信息技术在带动人类社会生产和生活方式发生巨大变革的同时，也变革了教育的方方面面。2010年7月，我国颁布的《国家中长期教育改革和发展规划纲要(2010—2020年)》中提出，“信息技术对教育发展具有革命性影响，必须予以高度重视”。所谓“革命性影响”即指这种“变革和改造”将使教育从内到外、从内容到形式发生前所未有的变化：一是深度，它要比历史上任何一种媒体技术对教育的影响更为深刻;二是广度,它正在影响着从基础教育到高等教育的教育教学全过程。[①] 随着远程教育、多媒体教学、电子课堂、电子书包等新的教育形式,教育装备,教育工具不断涌现,现代教育与信息技术的关系越来越密不可分。教育信息化的发展,带来了教育形式和学习方式的重大变革,给传统的教育思想、观念、模式、内容和方法等带来了巨大的冲击。教育与现代信息技术元素深度融合,直接推动了教育的现代化进程。

党的十八大报告把"信息化水平大幅度提升"纳入全面建成小康社会的目标之一,明确提出到2020年基本实现教育现代化。[②] 教育信息化是信息技术支持下教育理念和教学模式的一场深刻革命,以信息化带动教育现代化是目前我国教育事业科学发展的重大战略任务。信息技术作为一种通用技术,能带来整个经济和社会系统的重构和根本性变革。教育信息化内容已经渗透到各级各类教育的教学、科研、管理、服务等环节中,影响着教育改革与发展的走向。同时,这一提法将教育置于优先发展的主体地位,标志着教育与信息技术的融合由之前的"技术本位"逐渐向"教育本位"过渡,深刻揭示了教育在国家发展中的基础性作用。在信息技术的助力下,教育的发展必将达到前所未有的高度。

教育部《教育信息化十年发展规划(2011—2020年)》明确提出:"用十年左右的时间初步建成具有中国特色的教育信息化体系,使我国教育信息化整体上接近国际先进水平,推进教育事业的科学发展。"中国特色的教育信息化体系应立足于我国基本国情,通过促进教育与技术的深度融合实现教育系统的发展变革,切实解决我国教育面临的现实问题。以教育信息化促进我国教育的科学发展,从而提高国民素质,培养创新人才以适应国际竞争,实现中华民族的伟大复兴。

(二)教育信息化有利于转变我省经济发展方式、促进经济结构转型升级

党中央、国务院十分重视教育信息化的经济意义。国务院2013年发布的《"宽带中国"战略及实施方案》中明确提出将"信息消费"作为国民经济发展的重要支柱

---

① 王晓波. 共话基础教育信息化"新蓝图":解读"信息技术对教育发展具有革命性影响"[J]. 中小学信息技术教育, 2010 (12): 9—11.

② 李曜明. 教育信息化创新与发展论坛举行:重点推动"三通两平台"建设[N]. 中国教育报,2012—11—29(2).

产业予以扶持，并将教育服务列为信息消费产业的重点发展方向。数字教育服务业是现代服务业的重要组成部分，主要包括数字教育装备产业、数字教育内容产业、数字教育软件产业、教育运营服务业等。从2013年年初开始，教育部启动了“三通两平台”建设工程，要求在2—3年内实现全国各级各类学校“宽带网络校校通”“优质资源班班通”和“网络学习空间人人通”，并明确要求以“政府规划引导、企业建设运营、学校购买服务”为主要实施机制，这对我国数字教育产业的发展产生了显著的拉动效应。

国家主席习近平在湖北视察时曾指出，“努力把湖北建设成为中部地区崛起的重要战略支点，在转变经济发展方式上走在全国前列”①。湖北省工业基础实力雄厚，传统产业比重大，转型发展包袱重，要成为中部地区崛起的重要战略支点，发展战略性新兴产业，实现经济结构调整和经济总量的提升，这既是破解我省经济运行和社会发展深层次矛盾和问题的关键所在，也是着眼于长远的根本性发展思路和发展战略。教育信息化带来的信息消费将有效拉动我省数字教育服务产业的增长，推动我省信息技术相关产业的发展，有助于加快我省经济结构转型、经济发展方式的转变。

在大力发展教育信息化的背景之下，立足我省省情，结合东湖国家自主创新示范区的建设，以教育信息化的发展为机遇，充分发挥东湖示范区自主创新能力和辐射带动作用，有利于推动资源节约型和环境友好型社会建设、促进自主创新驱动区域发展、创建在全国具有重要典型意义和先行示范作用的“东湖模式”。

构建促进中部地区崛起重要战略支点的目标，湖北省做出大力推进实施武汉城市圈资源节约型与环境友好型社会建设综合配套改革、鄂西生态文化旅游圈和长江经济带开放开发（“两圈一带”）的重大战略部署。在此战略目标之下，教育信息化产业的不断调整升级，有利于提升我省自主创新能力，加速完善创新体系的构建，引领湖北乃至中部地区崛起的新型流域经济带，带动和促进全省经济社会更好更快地发展。

① 夏琼. 市委十二届四次全体（扩大）会议学习贯彻总书记武汉重要讲话精神：习近平三天三提“复兴大武汉”[N]. 武汉晚报，2013－08－02(3).

因此,大力发展教育信息化服务产业,以信息化技术手段为教育教学相关人员和广大学生群体提供有针对性的支持服务,从而推动全省教育信息消费水平的提升,进而调整教育信息化产业结构,使相关产业成为带动我省经济发展的龙头,对实现我省强省富民的目标有非常重要的意义。

(三)我省教育信息化的发展现状

党中央、国务院十分重视教育信息化工作。我省积极响应国家的教育发展要求,贯彻落实国家的方针政策,努力开展各项信息化建设项目。这不仅使得教育信息化得到了快速发展,还对我省的教育改革和发展起到了重要的推动作用。

义务教育、职业教育、高等教育均取得突破性进展。《教育信息化十年发展规划(2011—2020年)》高度重视基础教育的信息化工作,明确指出,“基础教育信息化是提高国民信息素养的基石,是教育信息化的重中之重”。促进义务教育的均衡发展是基础教育信息化的重点,是实现教育公平的基础。近年来,湖北城乡免费义务教育全面实现,义务教育均衡发展整体推进。在基本解决了有学上的问题之后,我省下一步基础教育的工作重点是要逐步解决义务教育资源配置不均衡的问题,满足人民群众上好学的要求。职业教育是推动经济发展、促进就业、改善民生、解决“三农问题”的重要途径,是协调劳动力供求关系的关键环节。[①] 职业教育发展实现重大突破,办学特色日益显现,是目前我省教育工作的战略重点。高等教育承担着培养高级专门人才、发展科学技术文化、促进社会主义现代化建设的重大任务,对建设人力资源强国和创新型国家具有十分重要的意义。[②] 我省高等教育主要指标保持在全国前五位,大众化程度稳步提高,高水平人才比例逐年上升。但也同样面临着挑战,教育结构布局还不尽合理,义务教育发展不均衡,教育改革有待进一步深化等问题,仍然需要引起我们的高度重视。

教育信息基础设施体系初步形成,数字教育服务产业逐步壮大。湖北历来十分重视利用信息技术促进教育公平,提高教育质量,培养创新人才,带动产业发展。经

---

① 规划编制专家组.教育信息化十年发展规划(2011—2020年)解读[M].北京:人民教育出版社,2012:94.

② 规划编制专家组.教育信息化十年发展规划(2011—2020年)解读[M].北京:人民教育出版社,2012:99.

过十余年的发展，已经具备一定基础，并于2014年1月获批成为国家教育信息化首批试点省份。目前我省经济发达地区的各级各类学校已不同程度地建有校园网，并以多种方式接入互联网，信息终端正逐步进入农村学校。全省中小学已有5.4万个多媒体教室建成并投入使用，5000多所中小学已经接入互联网，教师信息化教学终端设备配置率约为39%，覆盖全省的教师、学生、学校三大基础信息数据库初步建成。在此背景之下，我省的教育信息化产业已经初具规模，计算机普及和家庭教育消费的增长使得教育硬件产业与教育软件产业不断发展，与之相关的数字教育服务产业也在逐步壮大。

数字教育资源不断丰富，信息技术教学应用逐渐深入。我省基础教育资源库、高等教育精品课程、高校网络教育课程、职业教育资源等资源库初具规模，初步建成了湖北数字博物馆、高校数字图书馆、重点学科信息服务体系等资源系统，在教育、科研和科普服务方面发挥了重要作用。信息技术普及教育和专业教育持续推进，通过开展中小学教师计算机全员培训、实施“中小学教师教育技术能力建设”项目以及在中小学中逐步普及信息技术课程等措施，提高师生的信息技术素养，促进优质教育资源的共建共享。

教育管理信息化方面，教育行政部门的电子政务和各级各类学校的电子校务建设初见成效。基于网络的政务信息发布、高考阳光招生、研究生招生信息管理、高校毕业生就业服务、学历学位认证等应用得以推广。电子校务得到稳步发展，初步实现了学籍管理、教学管理、科研管理、人事管理、财务管理的信息化，提升了学校的管理水平与办学效益。教育管理信息化水平明显提高，推进了教育决策科学化和民主化的进程。

(四)我省教育信息化工作面临的困难和挑战

尽管经过各部门的不懈努力，我省教育信息化建设已成绩显著，但是不可否认，现有的教育信息化发展水平与人民群众多样化教育需求相比还有明显差距，教育信息化水平还有待进一步提高。[①]

---

① 规划编制专家组. 教育信息化十年发展规划(2011—2020年)解读[M]. 北京：人民教育出版社，2012：75—76.

教育信息基础设施相对薄弱,信息化应用水平不高且发展不均衡。教育信息化关注并致力于解决教育公平问题,这是教育信息化的使命,也是其发展契机。教育信息化的重要目的之一就是要通过信息技术在教育领域的普及应用,突破时空限制和技术壁垒,将优质教育资源向边远地区和农村地区输送,提高当地的教育质量和水平,促进教育均衡发展。但是,目前我省仍有相当数量的中小学尚未接入互联网,学生信息化学习终端设备配置率不到10%,利用信息技术扩大优质教育资源覆盖面的有效机制尚不完善,各级教育网络设备设施配置参差不齐,区域、城乡、校际之间发展水平差距较大,在义务教育学校的宽带接入指标上差异明显。教师队伍的知识结构、技能还不能完全适应数字化教学发展要求,利用信息技术创新教学内容和教学方法的能力不足,特别是农村中小学,学校互联网接入水平和校园网建设水平以及信息化应用能力都较低。教育信息化领域的"数字鸿沟"如果不能得以有效地解决,将会进一步拉大教育差距,进而加剧整个社会经济的不均衡发展。

教育信息化管理体制机制尚未理顺,运行机制不健全,教育信息化发展的政策环境和体制机制尚未形成。教育信息化相关政策机制、法律法规等体系尚不健全,各级教育部门和学校的教育信息化管理与推进工作机构体系尚待建立。条块分割,统筹协调和综合管理不足的现象较为普遍,教育信息化统计、监管和评估机制也有待进一步完善。同时,教育信息化总体投入不足,结构不均衡,运行、维护和可持续发展缺乏资金与保障体系的支撑等,也是目前我省教育信息化发展面临的主要问题。

教育信息化总体发展水平相对较低,对产业的拉动效应尚未显现。尽管我省教育信息化建设初具成效,但教育信息化在提高教育质量、促进教育公平等方面的作用还未得到充分发挥。不少机构对于教育信息化的理解和实践还停留在以硬件建设为主的层面,没有转变到以信息化解决教育中的实际问题上来。因而,教育信息化产业尚未能够被充分带动,产业重心依然以硬件、软件为主,教育信息服务产业也未能充分显示出其潜在的巨大优势。发展教育信息化是破解制约我省教育发展难题,促进教育公平,实现优质教育资源共享,提高教育质量,转变教育发展方式和学校发展模式,建设科教强省,实现湖北教育现代化的必由之路。

【拓展资源】

1. 李运林.论教育与信息·信息技术:四论“信息化教育”兼解读“信息技术对教育发展有革命性影响”[J].电化教育研究,2013(3):11—15.

2. 何克抗.学习“教育信息化十年发展规划”:对“信息技术与教育深度融合”的解读[J].中国电化教育,2013(12):19—23.

3. 张再富.“网络学习空间人人通”助推新课改实现革命性突破与发展[J].中国教育信息化:基础教育,2013(1):57—59.

4. 张虹.我国基础教育教育信息化政策二十年(1993—2013 年):以政策文本阐释为视角[J].电化教育研究,2013(8):6.

5. 戴晓妹.注重教育信息化建设实现教育管理现代化[J].教育界:基础教育研究,2013(2):8.

6. 高铁刚.信息技术提升教育均衡发展的机制与方法研究[J].中国电化教育,2014(1):22—28.

7. 刘昌亚.落实基础教育信息化重点工作的几点意见[J].中国教育信息化:高教职教,2013(5):12—13.

8. 何克抗.信息化是实现教育均衡发展的必由之路[J].基础教育改革动态,2013(9):7—9.

9. 陈琳,陈耀华.以信息化带动教育现代化路径探析[J].教育研究,2013(11):114—118.

10. 刘希平.教育现代化的使命与实现路径[J].中国高等教育,2013(9):11—12.

二、指导思想和工作方针

【原文】

指导思想

坚持育人为本,立足湖北省情,以环境建设为基础,以教育教学应用为核心,坚持应用驱动和机制创新,加快推进教育信息化,促进教育公平,提高教育质量,带动教育现代化,服务经济社会发展。

工作方针

把握方向,遵循规律。服务教育强省和"创新湖北"建设,遵循教育发展规律和教育信息化建设规律,紧密结合我省实际,科学推进各项工作,确保教育信息化发展的针对性、有效性和可持续性。

分类推进,特色引领。统筹做好教育信息化的整体规划和顶层设计,根据各类教育的不同特点和各级机构的不同权责,分类部署推进,坚持典型引路,形成具有湖北特色的教育信息化发展模式。

应用驱动,机制创新。以深化信息技术应用为核心,促进信息技术与教育教学深度融合,推动信息化环境下的教学理念、教学方式、学习方式及教育管理方式转变,形成教育信息化建设与发展新机制。

【解读】

指导思想是《湖北省教育信息化发展规划(2014—2020年)》的总纲,指导方针是教育信息化工作推进的行动指南。《湖北省教育信息化发展规划(2014—2020年)》的第2章系统地阐述了未来一段时期湖北省教育信息化的指导思想,确立了湖北省教育信息化的工作方针。

(一)指导思想

1. 坚持育人为本

育人为本思想的提出使教育真正回到了本真,抓住了教育的根本。教育的首要任务是要使人类有能力掌握自身的发展。因此,我省教育信息化的发展必须始终服务于教育"育人"这一根本目标,切勿因为片面地追求技术的先进而忽略人才培养的实际需求。

2. 立足湖北省情

湖北省是中部的教育大省，经济条件与地理条件较为复杂，各地区教育的发展也各有特点，因此教育信息化发展必须从我省的实际出发，以推进全省教育改革和教育现代化为目的，整合各种资源和手段，在教育的各个层次和领域实现教育信息化。同时，在发展过程中依托我省高校、科研院所的实力打造湖北省教育信息化产业，促进湖北教育和经济社会的和谐发展。

3. 以环境建设为基础

教育信息化工作必须以优质教育资源和信息化学习环境建设为基础。教育信息化需要建设配套的信息化学习环境，在教育信息化工作进程中，应加大对优质数字化教育资源的建设，加快优质教育资源的共建共享，以推动“优质资源班班通”目标的实现。同时，建设人人皆学、时时可学、处处能学、按需选学、终身在学的信息化平台，为终身学习体系以及学习型社会的构建奠定基础。

4. 以教育教学应用为核心

当今信息技术的飞速发展，对教育的影响不仅体现在新的技术和手段的运用上，而且给教育的发展带来了更新的理念和动力，使教育内容、方法和模式发生了深刻变革。这一变革的过程就是信息技术与教育教学深度有效融合的过程，它体现出了信息技术对教育改革与发展的促进作用，是教育信息化的本质。要实现信息技术与教育教学的融合，必须坚持以应用驱动为核心，也就是要从教育教学的目标要求和学习者的需求出发，以促进信息技术在教育教学中的应用、教学模式和学习方式的变革为目标来安排教育信息化工作。

5. 坚持应用驱动和机制创新

教育信息化是一项涉及面广的复杂系统工程，包括了基础设施、数字教育资源、硬件及软件运营维护等多个环节，要保证其健康持续发展，需要我们进一步解放思想，创新机制，积极鼓励各方力量参与教育信息化建设，形成与工作要求相适应的良性发展机制。[1] 经过多年的发展,我省教育信息化建设虽然取得了显著成就,但在管理机制、运行机制、建设模式等方面仍缺乏有力的保障。因此,要保障教育信息化的协调、全面、可持续发展,必须在机制创新方面下大功夫。

(二)工作方针

遵循上述指导思想,针对我省教育信息化的问题以及未来将面临的挑战,《湖北省教育信息化发展规划(2014—2020年)》确立了"把握方向,遵循规律;分类推进,特色引领;应用驱动,机制创新"的24字工作方针。

1. 把握方向,遵循规律

"把握方向"是指牢牢把握我省教育信息化的发展目标,切实落实教育信息化工作。湖北省是我国的教育大省,教育信息化经过多年发展已有一定的基础,同时被国家列为教育信息化试点省份。因此,教育信息化的发展目标是使湖北省教育信息化在全国处于领先水平,实现由教育大省向教育强省、创新型省份的转变。在我省教育信息化的推进过程中,要牢牢把握这个发展方向,结合省内实际,促进"信息技术与教育教学深度有效融合"的实现。

"遵循规律"就是要遵循教育发展规律和教育信息化建设规律,结合湖北省教育实际,实现由教育大省向教育强省的转化。《湖北省教育信息化发展规划(2014—2020年)》的主要着力点是信息技术与教育教学的深度有效融合,而信息化的过程就是信息技术与教育教学融合发展的过程,二者融合程度越深,教育信息化发展水平就越高。信息技术与教育教学的融合发展的过程可以分为四个阶段:起步、应用、融合、创新。在接下来几年中,要想实现使教育信息化顺利进入到融合创新阶段的目标,就要遵循教育信息化的建设规律,紧密结合我省实际,科学推进各项工作,确保发展的针对性、有效性和可持续性。

2. 分类推进,特色引领

"分类推进"就是要在教育信息化工作中因地制宜,探索各地区各学校信息化发

---

① 杜占元. 学习贯彻党的十八届三中全会精神:深化教育领域综合改革,改革创新加快推动教育信息化发展[N]. 中国教育报,2013-11-29(1).

展路径。[①] 一方面,地区之间、城乡之间发展不平衡是教育工作所面临的最大实际问题,在教育信息化推进过程中,要把握各地区教育与信息化发展现状,结合实际创造性地开展工作,不强求一个模式,坚持因地制宜。另一方面,各类教育的特点、发展水平以及实际需求各不相同,我省应采取分类指导、分步推进的办法实施信息化建设,从而将教育信息化工作落到实处。

"特色引领"是指在教育信息化工作中强化试点引导,推广典型经验,形成具有湖北特色的教育信息化发展模式。教育信息化还没有现成的经验可以借鉴,也没有完整的模式可以遵循,所以就需要我们有意识地去总结、宣传、推广好的教育信息化应用模式,逐步形成试点先行、典型引路的具有湖北特色的工作机制。教育部将我省批复为教育信息化试点,其目标就是鼓励探索、培育典型、总结经验、示范引导,并选择典型进行推广。我省要将试点工作切实变成教育信息化工作的有力抓手,尽快摸索出信息技术与教育教学融合的新模式、推进教育信息化快速发展的新路子。

3. 应用驱动,机制创新

"应用驱动"就是要坚持以应用引领教育信息化发展的原则,强调教育信息化必须面向学生、走进课堂、用于教学,不因片面追求技术的先进而忽视实际应用的广度和深度。过去的经验告诉我们,推动教育信息化不能简单地搞硬件驱动,而是要采取应用驱动,既要着眼于在教育教学的主战场中开展应用,又要在教育教学改革与发展中不断提出和进行新的应用,在将信息技术深入应用到教育教学和管理服务的各个环节的过程中找到信息技术与教育教学的融合点,进而真正实现教育信息化。

"机制创新"就是要在教育信息化工作中创新体制机制,充分整合各方力量积极参与教育信息化建设。机制体制是改革创新的保障,没有与改革创新相适应的体制机制,教育信息化发展目标也就难以实现。在以往的信息化建设过程中,基本由政府承担了建设任务,然而政府的力量毕竟是有限的,各方积极性也不能得到充分调动和发挥。因此,在接下来的发展过程中,应充分考虑机制创新,积极鼓励企业力量的投入,通过适当的机制和政策引导,形成企业搭平台,政府和学校买服务的有效运行机制,提升教育信息化建设的效果、效率和效益。

---

① 规划编制专家组. 教育信息化十年发展规划(2011—2020年)解读[M]. 北京:人民教育出版社,2012:80.

【拓展资源】

1. 杨宗凯,吴砥.教育信息化可持续发展能力建设问题[J].现代远程教育研究,2013(2):3—9.
2. 张纲,王珠珠.国家基础教育云建设与应用[J].中国教育信息化:基础教育,2013(2):3—5.
3. 余胜泉.推进技术与教育的双向融合:《教育信息化十年发展规划(2011—2020年)》解读[J].中国电化教育,2012(5):5—14.
4. 坚定信心创新机制真抓实干加巧干确保2013年教育信息化重点工作取得重大进展:杜占元副部长在教育信息化重点工作推进会议上的讲话[J].中国教育信息化,2013(9):4—9.
5. 邱婷.信息技术与教学深度融合的校本推进策略研究与实践[J].中国教育信息化:基础教育,2013(9):39—41.
6. 任友群,徐光涛,王美.信息化促进优质教育资源共享:系统科学的视角[J].开放教育研究,2013(5):104—111.

三、发展目标

【原文】

总体目标

到2020年,使湖北教育信息化整体发展水平进入全国前列。形成满足教学与管理需要的信息化基础环境,促进信息技术与教育教学全面深度融合,实现教育信息化的可持续发展,服务湖北教育现代化和学习型社会建设,带动数字教育服务产业发展。使每个教师都能自如运用信息技术给学生上好课,使每个学生都能随时随地获取优质数字化学习资源,健康快乐成长。

具体目标

教育信息基础设施普及完善。在全省各级各类学校和教育行政机构普及高速互联的基础网络和信息化终端设施,全面建成信息化教学环境,完成"宽带网络校校通"建设任务。

优质数字教育资源共建共享。为各级各类学校提供能得易得、适用好用、内容丰富、特色鲜明的数字教育资源。建好省级数字教育资源服务平台,形成多方参与、共建共享的优质资源研发、汇聚、应用和管理机制,提升资源规模、质量和应用水平。

教育管理信息化水平显著提升。建立省级教育管理公共服务平台和数据中心,创新管理模式,重构业务流程,提高管理效能和服务水平,促进职能转变。推动各级各类学校管理信息系统的建设与应用,服务教师、学生、家长和社会公众。促进教育治理体系和治理能力现代化。

信息技术与教育教学深度融合。以广泛应用为前提,以深度融合为核心,以教师信息技术应用能力提升为突破口,有序推进信息技术与教育教学的融合,建成一批教育信息化试点区、试点校,形成丰富多样、扎实有效的信息化教学应用模式。

可持续发展保障体系基本形成。开展多方合作,从组织管理、经费投入、技术研发、队伍建设等多个环节保障我省教育信息化持续、快速发展,形成社会参与,政、产、学、研、用多方协同的教育信息化可持续发展保障体系。

阶段目标

表1　湖北省教育信息化阶段性发展目标

	2015年	2017年	2020年
基础设施	1. 城区义务教育阶段学校网络带宽不低于100Mbps,县镇中小学不低于20Mbps,农村学校、教学点不低于10Mbps。 2. 中小学教师信息化教学终端普及率达50%以上,学生信息化学习终端普及率达15%以上。 3. 义务教育阶段学校、教学点所有自然班普及多媒体教室等信息化教学环境。	1. 城区义务教育阶段学校网络带宽不低于100Mbps,并基本普及校内无线网;县镇学校网络带宽不低于50Mbps,农村学校、教学点不低于20Mbps。 2. 教师信息化教学终端普及率达80%以上,学生信息化学习终端普及率达30%以上。	1. 省内中小学和职业学校普及数字校园。高校宽带网络接入水平为每万名师生共享带宽不低于2Gbps。各级各类学校全面实现校内无线宽带网全覆盖。 2. 师生信息化终端设备全面普及。

	2015年	2017年	2020年
资源与应用	1. 基本完成省级教育资源公共服务平台建设，具备支持50万用户同时在线的服务能力。 2. 网络学习空间学校开通率达100%，教师注册率达70%。 3. 基本建成与中小学课程配套的优质数字教育资源库。 4. 建设10个职业教育仿真实训中心。 5. 建成湖北教师教育网络联盟。	1. 完善与升级教育资源公共服务平台，拓展服务范围。 2. 网络学习空间初中以上学校教师、学生注册率达100%。 3. 扩大和升级中小学课程配套的优质数字教育资源库。 4. 建设约30个职业教育仿真实训中心。 5. 湖北教师教育网络联盟全面覆盖省内师范院校。	1. 信息化条件下教学模式创新普遍开展，人才培养模式全面变革，教学质量显著提升。 2. 优质资源全面覆盖省内各级各类学校，并面向社会开放共享。 3. 建设60个职业教育仿真实训中心。
管理信息化	1. 完成省级教育管理数据中心建设，建成覆盖学生信息、教师信息、办学条件信息的基础数据库。 2. 基本完成省级教育管理公共服务平台建设。	完善教育管理基础数据库和公共服务平台，逐步扩大网上办理业务范围。	实现教育行政机构和学校管理部门无纸化办公。学校管理信息化水平显著提升。
保障体系	1. 全省各级教育行政机构建立健全教育信息化专门工作机构，明确主管领导，落实经费投入。 2. 组织实施中小学教师信息技术应用能力提升培训，覆盖50%以上教师。 3. 初步建成教育信息化研究和运维支持服务体系。 4. 初步形成教育信息化考核评估激励机制。	1. 持续开展中小学教师信息技术应用能力全员提升培训，完成首轮培训，每人不少于50学时。 2. 持续开展教育行政管理人员和学校领导的信息化领导力与执行力培训。 3. 完善研究和运维支持服务体系。 4. 完善考核评估激励机制。	1. 健全教育信息化管理机构，完善信息化管理体制。 2. 建成国内一流的研究和运维支持服务体系。 3. 形成完善的考核评估激励机制。

【解读】

《湖北省教育信息化发展规划（2014—2020年）》的第一部分“总体战略”的第3章确定了2014年到2020年湖北省教育信息化的发展目标，为湖北省教育信息化工作指明了方向。该发展目标包括总体目标、具体目标和阶段目标三个层面。总体目标层面，到2020年，使湖北教育信息化整体发展水平进入全国前列；具体目标包括教育信息基础设施普及完善、优质数字教育资源共建共享、教育管理信息化水平显著提升、信息技术与教育教学深度融合及可持续发展保障体系基本形成五项；阶段目标则从基础设施、资源与应用、管理信息化、保障体系四个层面进行了详细的制定。

(一)2020年教育信息化整体发展水平进入全国前列的总体战略目标

2020年，湖北教育信息化整体发展水平进入全国前列是《湖北省教育信息化发展规划(2014—2020年)》的总体发展目标。结合我省经济与教育发展实际，该规划从形成满足教学与管理需要的信息化基础环境、促进信息技术与教育教学全面深度融合、实现教育信息化的可持续发展、服务湖北教育现代化和学习型社会建设以及带动数字教育服务产业发展五个方面，制订了总体目标的实施计划，具体内容如下：

1. 形成满足教学与管理需要的信息化基础环境

教育信息化各项工作的开展离不开教育信息基础环境的建设，它既是加大优质数字教育资源开发的前提条件，也是构建开放、灵活、人人、时时、处处可用的终身学习网络和服务平台的物质基础。在以往的建设过程中，政府承担了较多的建设任务，而社会各方力量，尤其是企业力量参与不足，各方积极性未得到充分的调动。一方面加重了政府的负担，另一方面在一定程度上使教育信息化的建设与发展失去了获取更多资源支持的机会，从而影响了基础设施建设的推进速度。因此，在以后的发展中，应充分调动社会各方面力量参与教育信息化基础设施建设的积极性，多方协同创建人人可享有优质教育资源的信息化基础环境，以尽快满足全省信息化教学深入发展的基础设施建设需求。

2. 促进信息技术与教育教学全面深度融合

目前，我省教育信息化建设已经取得了很大成效，各地区和学校的教育信息化水平逐渐提升。但是，在信息技术与教育教学融合水平上还处于初级阶段，传统的教育理念和教学方式并没有发生根本性的变化，教育信息化对学校教育的革命性影响还没有充分发挥。教育与信息技术深度融合是我国在教育信息化发展中探索出的核心经验，它主张信息技术要应用到教育教学的各个环节。同时，教育教学的需求推动新技术的产生和发展，因此教育与技术的融合是双向的。信息技术与教育教学的融合要全面且具有深度，这不仅仅是信息技术在教学层面上的简单直接应用，更是一种创新思想,即将信息技术的最新发展成果应用于教学模式、方法、内容、工具的创新,从而满足教育教学发展的需要。[①]

3. 实现教育信息化的可持续发展

经过近几年的发展,湖北省教育信息化应用环境的建设已具备了一定基础,信息技术在各级各类学校教学、管理和科研中也得到了广泛的应用,教育信息化建设已经取得了显著成效。但是,在管理体制、运行机制、建设模式等方面还缺乏有力的保障,导致权责不清、各行其是、重复建设等现象时有发生,影响了教育信息化的进一步发展。教育信息化的可持续发展首先需要我省构建起自上而下的完善的管理机制、各部门协同推进的工作机制以及吸引企业参与建设的市场机制,使资金投入、物力投入以及人力投入形成持续、稳定、长期的良性循环。其次,要认识到教育信息化的发展是一个涉及多个方面的复杂过程,硬件设备、资源建设、网络建设、教师信息技术应用水平等等都是信息化可持续发展不可忽视的重要元素,必须在发展目标的引导下,统筹考虑各因素的发展水平以及未来需求,避免出现发展短板。

4. 服务湖北教育现代化和学习型社会建设

在教育现代化过程中,人们利用先进的思想和科学技术培养出适应社会发展需要的新型劳动者和高素质人才。它不仅包括教学条件、内容、方式和方法的现代化,也包括教育制度、结构和观念的现代化。学习型社会意味着每个社会成员都是学习者,它向人们提供了一种灵活的终身教育体制,不仅改变了人们对学习的传统观念,也提高了他们不断自我学习与发展的积极性。党的十八大提出要把建设学习型社会作为全面建成小康社会的奋斗目标之一,到2020年实现教育现代化。因此,以教育信息化服务教育现代化与学习型社会的建设成为我省教育信息化的重要目标。但是,教育现代化和学习型社会建设是一个复杂的系统工程,需要全省各个行业、组织和机构的共同努力。这不仅需要充分利用现有的教育信息化条件积极推动教育改革与创新,还应该构建包括学校教育系统、在职教育系统、社会教育系统和网络教育系统在内的覆盖全社会的教育系统,以满足不同年龄阶段、知识背景和需要的人们随

---

① 杜占元. 学习贯彻党的十八届三中全会精神:深化教育领域综合改革,改革创新加快推动教育信息化发展[N]. 中国教育报,2013-11-29(1).

时、随地的学习。

5. 带动数字教育服务产业发展

数字教育服务产业是伴随着教育信息化不断深入发展而产生的，其属于典型的现代服务业范畴，具有鲜明的新型业态特征，其产业链包括数字教育装备制造商、软件开发商、内容提供商、服务运营商等。目前，我省教育信息化尚处于初级阶段，联系各行业的数字教育服务产业链远未成熟，教育信息化的市场推动力尚未被完全激发出来。因此，充分调动各个部门、行业的积极性，发展数字教育服务产业，成为当前我省教育信息化发展的又一重要目标。一方面，启动专门的重点工程，扶植有前途的教育信息化硬件、软件的研发、应用与推广项目，进一步推动优秀数字化教育产业的发展；另一方面，鼓励各行业之间的合作，共同建设稳定、优质的教育资源共享机制，在此基础上制定恰当的标准和政策对其进行约束与管理，以促进数字教育服务产业的长期有序健康发展。

(二)五项具体发展目标

《湖北省教育信息化发展规划(2014—2020年)》的具体发展目标包括教育信息化基础设施普及完善、优质数字教育资源共建共享、教育管理信息化水平显著提升、信息技术与教育教学深度融合及可持续发展保障体系基本形成五项。

1. 教育信息基础设施普及完善

该发展目标是对《湖北省教育信息化发展规划(2014—2020年)》提出“形成满足教学与管理需要的信息化基础环境”战略目标的贯彻和实施。教育信息化的首要目标是让全省各级各类学校和教育行政机构公平享有教育信息化的发展成果(包括便利的信息化基础设施和高速网络等)。因此，普及高速互联的基础网络和信息化终端设施是实现湖北省教育信息化的基础和前提条件。“宽带网络校校通”是“十二五”教育信息化“三通工程”的重要内容。[①] “宽带网络校校通”是开展各级各类教育信息化应用的基本前提，其基本建设内容包括校外的“宽带接入”和校内的“网络条件下的基本教学环境”两个部分。

---

① 李曜明. 教育信息化创新与发展论坛举行：重点推动“三通两平台”建设[N]. 中国教育报，2012－11－29(2).

2. 优质数字教育资源共建共享

“共建共享”关键在创新体制机制，充分整合全省各方力量参与到优质资源的建设、汇集共享和应用中来。由于对“共享”关注较多，对“共建”关注过少，导致由政府承担较多的建设任务，而社会各方力量，尤其是企业力量参与不足，各方积极性未得到充分的调动，有限的数字教育资源也未得到高效的利用。因此应注重建立政府引导、多方参与、共建共享的开放合作机制，推动教育信息化的持续发展。为了实现本目标，具体实施计划如下：

首先，面向针对湖北省各市、县的学前教育、义务教育、高中教育、职业教育、高等教育、继续教育、民族教育和特殊教育的不同需求，开发、完善各学科教学需要的优质数字教育资源。

其次，建设湖北省教育资源公共服务平台，实现提供资源汇聚、资源评价、资源分布、资源搜索、资源传输、应用数据统计、资源交易和安全保障等服务。汇聚我省教育部门和社会各方面力量共同建设数字教育资源，鼓励出版单位、图书馆、博物馆、教育资源开发企业等企事业单位参与资源的建设，鼓励各级各类学校的教师和学生参与资源的使用与评价，提升资源规模和质量。建设面向数字教育资源应用和交流的教研社区，基于优质资源共享帮助教师开展协作教研活动。

最后，基于政府引导、多方参与的原则，构建开放灵活、公平竞争的资源服务机制和综合的信息化服务环境。基于教育资源公共服务平台，面向我省各地教师和学生提供教育资源应用服务，帮助每个学习者和教育者更加方便地获取和使用优质数字教育资源。

3. 教育管理信息化水平显著提升

教育管理信息化的工作涉及电子政务和电子校务等方面。建设湖北省教育管理公共服务平台和数据中心，为本省各级教育部门提供信息技术手段保障和决策数据支持，对于优化教育部门工作流程，推进教育部门和学校规范管理，强化面向学生、教师、家长和社会公众的服务能力都具有极其重要的意义。教育管理信息化的建设，应以提升教育监管能力与服务水平为目标，以基础信息数据建设与共享为核心，构建统一的基础保障环境，整合教育电子政务应用与服务，健全教育信息化管理与运行机制，创新管理模式，重构业务流程，推动各级各类教育的管理现代化、科学化与规范化，提高教育管理效率与服务水平，为湖北省教育改革和发展提供有力支撑。

4. 信息技术与教育教学深度融合

经过近几年来的教育信息化建设，湖北省各级各类学校已初步建立教育信息化应用环境，信息技术在各级各类学校教学、科研与管理中得到了越来越广泛的应用。但是，从整体来看，我省的教育信息化在信息技术与教育融合水平上还处于起步阶段，信息技术尚未深入教育教学的关键环节，传统的教育理念和方式并未发生根本改变，教育信息化对教学方式、教育模式变革带来的推动作用还未充分体现。因此，未来几年的教育信息化发展，要以提升学生能力、提升教育服务水平为核心的发展思路，促进湖北省教育在思想、观念、模式、内容和方法等各个方面的变革。努力提升教师的教育信息技术应用能力，引导教师利用信息技术实现教学方式与方法上的创新，进而推进信息技术与教育教学的融合。培养学生利用信息技术开展自主学习、主动学习的能力，增强其通过信息技术分析问题、解决问题的能力。创新教学方式和教育模式，重视技术工具与学科知识点、专业学科内容的深度融合，探索建立以学习者为中心的教学新模式。建成一批教育信息化试点区、试点学校，形成丰富多样、扎实有效的信息化教学应用模式，以教育信息化带动教育的现代化，从而推进湖北省的教育变革。

5. 可持续发展保障体系基本形成

该目标是对《湖北省教育信息化发展规划(2014—2020年)》提出的“实现教育信息化的可持续发展”重要内容的贯彻落实和进一步深化。可持续发展保障的实施应从政策法规、体制机制、队伍建设、组织管理、经费投入、技术研发几个方面入手。[①]

建立强有力的组织领导是教育信息化事业持续、健康发展的前提。因此，湖北省市、县各级教育行政部门应建立相应的教育信息化管理职能部门，在普通高校和具备一定规模的其他各类学校设立信息化管理与服务机构，在各级各类学校设立信息化主管，负责学校的信息化建设工作。

队伍建设也是教育信息化可持续发展的重要保障，我省在教育信息化专职人员队伍建设和后备人才培养方面尚未形成成熟的体系。因此，要保障信息化的全面、协

① 规划编制专家组. 教育信息化十年发展规划(2011—2020年)解读[M]. 北京：人民教育出版社，2012：153－160.

调、可持续发展,应加强教育信息化发展的人员队伍建设。

充足、稳定的资金投入有利于教育信息化事业可持续发展。目前,我省的教育信息化经费来源较为单一且总量不足。我省市、县各级政府应制定教育信息化建设和运行维护的经费标准、管理办法等政策措施,对于教育信息化的投入比例应有所倾斜,确保教育信息化的资金足额投入。同时,应特别加强对农村、偏远地区教育信息化的经费支持,保障教育信息化的均衡发展。湖北省各级教育部门应以教研课题、教育科学规划课题等多种方式设立教学环境和教育装备研发、推广项目,加大对信息技术与课堂教学融合应用模式、方法、路径和案例的研究,解决各级各类教育教学的实际技术问题。

在以上环节的保障下,逐步促进社会各界的积极参与,各级行政部门、教育部门、科研机构、业内企业应明确各自的角色分工。教育行政部门和教育机构要积极落实相关政策,组织实施试点与示范工程;鼓励科研机构和相关企业积极参与技术研发、成果推广等工作,保障教育信息化工程顺利实施;建设政府引导、多方参与的教育资源共建共享环境,促进教育信息化产业的长期稳定发展。

(三)阶段目标

阶段目标分别以 2014—2015 年、2015—2017 年、2017—2020 年为时间发展阶段,并分别从基础设施、资源与应用、管理信息化、保障体系四个层面对每个发展阶段的阶段性目标进行了详细的制定。由于原文对此部分已进行了非常详细的解释,在此不做详述。

【拓展资源】

1. 余胜泉. 推进技术与教育的双向融合:《教育信息化十年发展规划(2011－2020 年)》解读[J]. 中国电化教育,2012(5):5－14.
2. 王珠珠,刘雍潜,黄荣怀,赵国栋,李龙.《中小学教育信息化建设与应用状况的调查研究》报告(上)[J]. 中国电化教育,2005(10):25－32.
3. 汪基德. 从教育信息化到信息化教育:学习《国家中长期教育改革和发展规划纲要(2010—2020 年)》之体会[J]. 电化教育研究,2011(9):5－10.

4. 黄荣怀.教育信息化助力当前教育变革:机遇与挑战[J]. 中国电化教育,2011(1):36—40.

5. 汪基德,韩明秋.发达国家高等教育信息化的经验与启示[J]. 中国电化教育,2005(6):90—94.

6. 张倩苇.国家教育信息化政策的发展及对策研究[J]. 中国电化教育,2005(11):31—35.

7. 何克抗.学习“教育信息化十年发展规划”:对“信息技术与教育深度融合”的解读[J]. 中国电化教育,2012(12):19—23.

8. 张敬涛,胡小勇.我国基础教育信息化发展中的成功经验与存在问题[J]. 中国电化教育,2008(12):20—24.

4.2 发展任务解读

一、基础教育信息化

【原文】

提升基础教育阶段学校信息基础设施配备水平。逐步缩小区域、城乡、校际间的数字鸿沟。重点支持农村及边远贫困地区学校、教学点、乡镇幼儿园的信息化建设,做到硬件设备先到位,优质资源先输送。加强特殊教育学校、民族地区中小学的信息化基础能力建设。为教学点开齐开好规定课程提供技术保障。到2020年,全省中小学和幼儿园全面建成信息化教学环境,教师信息化教学终端和学生信息化学习终端全面普及,宽带网络全面通达各级各类学校。

加快优质数字教育资源共建共享。建设湖北省教育资源公共服务平台,以政府为主导建设学前教育、义务教育、高中教育、特殊教育等各类教育的公益性资源,以市场为依托提供个性化资源。通过“区域结对、学校结群、教师合作”的方式,推动资源开发主体多元化,形成有效的优质资源共建机制;通过“政府评估准入、企业竞争提供、学校自主购买"的方式,拓展资源应用主体的选择空间,形成有效的优质资源共享机制。到2020年,优质资源全面覆盖省内基础教育阶段学校,形成具有湖北特色的基础教育资源共建共享模式。

提高教学信息化应用水平。聚焦课堂教学主阵地,以信息化为支撑创新课堂教学环境,促进信息技术与学科教学深度有效融合,形成和推广新型教学模式,推动教与学方式的深层变革。普及网络学习空间,建设泛在学习环境,培养学生信息时代的学习能力、实践能力和创新能力。提升教师信息化教学能力,开展信息化环境下的校本研修和协同教研,鼓励教师探索新型教学模式。

创新信息化环境下的评价机制。以信息化为依托,建立湖北省基础教育发展监测体系,保障我省基础教育健康、快速发展。完善中小学信息化教学质量综合评价体系,保障信息化教学的有效性和持续性。以信息化手段创新教学评价机制,探索中考、高考等考试评价体系和制度变革的可行途径。

推进基础教育信息化规范发展。制定基础教育数字校园、数字化教室规范,指导学校信息化环境建设。制定优质数字教育资源规范,开展资源评审和认证,形成资源准入、遴选、交换、退出机制。

【解读】

基础教育是科教兴国的奠基工程,对提高中华民族素质、培养各级各类人才,促进社会主义现代化建设具有全局性、基础性和先导性的作用。作为全国首个教育信息化改革的试点省份,湖北省将结合基础教育的实际情况,以国家《教育信息化十年发展规划(2011—2020年)》提出的"缩小基础教育数字鸿沟,促进优质教育资源共享"为宗旨,重点支持农村及边远、贫困地区中小学的教育信息化基础设施建设,扩大优质数字教育资源的覆盖面,强化教育信息化应用,创新信息化环境下的评价机制,推进基础教育信息化规范发展,全面促进湖北省基础教育信息化的改革。

(一)提升基础教育阶段学校信息基础设施配备水平

教育基础设施作为基本的办学条件,是重要的教学资源,也是实施素质教育和课程改革的物质基础和技术保障。近年来,湖北省在中小学教育信息基础设施建设方面取得了较大的进展,如37.18%的中小学多媒体教室比例达到了50%,校园网建设初具规模，农村中小学现代远程教育工程已基本实施完毕，乡镇及以上小学、初中和高中基本实现了“校校通”。然而，湖北省中小学教育信息化基础设施的配备水平仍有待提高，特别是对于农村及边远贫困地区的学校、教学点和乡镇幼儿园来说，信息化基础设施不足严重阻碍了其教育信息化的发展。教育信息化基础设施条件的不平衡将加大数字鸿沟，造成省内区域、城乡和校际之间的基础教育学校数字化差距进一步扩大，因此，必须及时开展信息化达标建设工作，全面提高我省各中小学的信息基础设施配备水平。

提升基础教育阶段信息基础设施配备水平，首先应加大中小学信息基础设施装备经费投入，建立健全以政府投入为主、多方筹措为辅的长效经费保障机制，主要表现在：各级财政安排的教育专项经费中，每年应有一定比例用于教育信息基础设施建设，并做到逐年增长；参照相关文件，将学校公用经费的一定比例用于信息基础设施装备的更新、维护和对易损易耗品的补充；积极鼓励和提倡社会各界人士及团体参与捐助，不断拓宽信息基础设施建设的经费来源渠道。其次，采取多种措施支持经济欠发达地区的学校信息化基础设施建设，重点支持农村及边远贫困地区学校、教学点、乡镇幼儿园的信息化建设，推进农村及边远地区学校的校园网建设；优先向农村及边远地区学校输送硬件设备和优质资源，逐步缩小区域、城乡、校际间的数字资源差距。再次，加强特殊教育学校、民族地区中小学的信息化基础能力建设，为教学点开齐开好规定课程提供技术保障。

(二)加快优质数字教育资源共建共享

数字教育资源共建共享是教育信息化发展中的工作重点。湖北省中小学教师教学使用的数字教育资源类型主要有 PPT 类教学课件、电子教案、课堂实录和试题试卷库等，其使用比例分别是 79.93%、71.69%、60.89%和 46.67%。近年来，湖北省各地区和相关单位投入了大量资金进行数字教育资源建设，资源的规模和水平也在不断提高，但总体而言，各类资源相对独立、共享程度低、资源时效性差、内容更新慢、缺乏评价和反馈等现象仍然非常突出，直接造成了数字教育资源的短缺与浪费并存。可见，仅仅依靠资金投入和学校建设，难以从根本上扭转湖北省数字教育资源匮乏的格局，而必须从机制创新入手，引入社会各界的力量，通过共建共享的方式，建设丰富、优质的数字教育资源体系。

优质数字教育资源共建共享应坚持“政府引导、企业建设、高校支撑、学校应用、共建共享”的原则。第一，政府应加大对湖北省特色教育资源建设、个性化教育资源开发的扶持力度，推广具有自主知识产权、易学好用、高效多能的教育资源公共服务平台的工具型教育软件；第二，调动社会力量参与学前教育、义务教育、高中教育、特殊教育等各类教育的公益性数字资源建设，尤其是要利用市场手段鼓励企业参与制作高质量的数字教育资源，并充分发挥每位学习者学习和创新的积极性，形成人人参与建设、不断推陈出新的优质数字教育资源共建共享局面；第三，完善优质数字资源的合作共建机制，通过区域、城乡、学校和教师之间的相互合作，推动资源开发主体的多元化，促进优质资源的合作共建，着重共建目前较为薄弱的、带有地域特点的、符合新课标的基础教育课程资源以及不同类型职业教育的特色资源；第四，创建优质基础教育数字资源的有效共享机制，培育教育资源和服务的市场机制。通过“政府评估准入、企业竞争提供、学校自主购买”等方式，促进资源应用主体自主化；通过建设面向各年级、各学科的数字资源共享平台，支持区域间、城乡间和校际间的资源共享活动。

（三）提高教学信息化应用水平

提高教学信息化应用水平是促进基础教育信息化深层次发展的必然趋势。经过多年努力，信息技术在湖北省基础教育中的应用已逐渐从单一学科向多学科、从单一教学环节向教学全过程发展。在物理、化学、生物等学科的实验教学中，虚拟实验室逐步发挥了重要作用。然而，我省基础教育的信息应用水平还比较低，一方面体现为师生学科专用教学软件应用较少，特别是对文科类专用软件的应用，不论是从应用范围来看，还是从应用频率来看，都不如理科。另一方面，信息技术在学科教学中应用模式单一，仅仅停留在课程内容的展示上。

为提高基础教育信息化应用水平，促进信息技术与学科教学深度有效融合，需要做到：第一，通过教研和培训，更新教师教学理念，提升教师信息化教学能力。建设不同年级、不同学科的网上教研社区，鼓励和组织专家参与基层教师的信息化教学指导工作，带动基层教师信息化应用水平的提升。第二，通过普及网络学习空间，建设泛在学习环境，培养学生的数字化生存能力。组建虚拟学习共同体，引导学生充分利用各种信息技术和认知工具进行随时随地的沟通和无处不在的学习，培养其信息时代的学习能力、实践能力和创新能力等。第三，通过开展信息技术与学科教学融合的理论与实践研究，探索信息技术在不同学科中的不同应用模式、方法和策略。一方面，成立不同研究方向的课题组，积极探索建立"教师主导—学生主体"的学科教学新模式；另一方面，支持校际间的交流互动与协同创新，促进先进教学方法与经验的传播和推广。

(四)创新信息化环境下的评价机制

基础教育的信息化不仅需要提升信息基础设施的配备水平、加快优质数字资源的共建共享、提高教学信息化的应用水平，更需要进一步创新信息化环境下的评价机制。虽然湖北省在推进教育评价改革上做出了诸多努力，并取得了不少成果，如：率先探索技能型高考，为公平、合理评价高中毕业生的综合素质奠定了基础；开设各种信息技术相关课程，并将其列为评价学生学业成就的重要内容，等等。但是，我省基础教育评价仍然存在很多不足，如：在评价理念上，仍以应试的观念、分数和升学率为尺度去评价学校教育；在评价内容上，过多倚重学科知识，尤其是课本知识，而忽视实践能力、创新精神和学习心理态度等综合素质的考查；在评价方法上，仍以传统的纸笔测验为主，过多地倚重量化方法，而很少采用体现新思想、具有信息化特征的质性评价方法与手段。

为完善我省基础教育质量的评价体系，应继续推进以下几个方面的工作：一是要以信息化为依托，建立科学、全面的基础教育发展监测体系，为我省提供反映基础教育质量状况和均衡程度的客观数据和科学依据，以保障各地区基础教育的健康、快速和均衡发展。这不仅需要成立专门的基础教育质量监测机构，还要研制多学科、多领域的基础教育质量检测指标体系，开发一套适合我省省情、能全面测量和评估学生学习质量和发展状况的检测工具。二是要完善中小学信息化教学质量综合评价体系，除了要加强中小学信息化教学质量评估机构的建设力度，重视评价信息的收集与规范操作，正确对待信息化教学质量的评价结果，还要关注中小学信息化教学过程与其质量评价的融合，并通过多元化的评价主体和评价标准实施全面评价。三是要以信息化手段创新教学评价机制，扭转基础教育质量评价观念重共性轻个性、重奖惩轻发展、重知识轻能力的局面，继续探索中考、高考等考试评价体系和制度变革的可行途径。

(五)推进基础教育信息化规范发展

经过近十年的努力，湖北省在推进基础教育信息化建设与应用的实际过程中，已形成了很多建设与应用规范，尤其是在基础设施建设上，各部门和地区纷纷根据自身条件制定了相关标准和规范，如中小学校园网建设技术标准、多媒体投影教室配置标准、一体化多媒体"班班通"配置标准、计算机教室配备规范、中小学理科实验室装备规范等。然而，由于信息技术产品更新快、易淘汰、难维护等特点，这些标准和规范已难以适应新时期基础教育信息化发展的要求。这也说明了我省基础教育信息化规范的起草、审批、颁布和推广工作较实践明显滞后。另外，新型教学软件与认知工具的层出不穷也对教师的信息技术应用能力、学生的信息化学习能力以及教育管理人员的信息化领导力提出了新的要求。

为制定具有时代特征、满足各方需求、结构完备的基础教育信息化规范，切实推进基础教育信息化的全面发展，必须从以下几个方面着手：首先，要制定新型的基础教育数字校园、数字化教室规范。引入科学的信息化教学环境设计理念和先进的教育教学装备，建设与时俱进的学校信息化环境。其次，要制定优质数字教育资源的开发、评审和认证规范。要针对学前教育、义务教育、高中教育、特殊教育的实际需求制定相应的特色教育资源开发规范，保障所有适龄儿童和青少年都能公平地获得优质数字教育资源。再次，要结合信息技术的发展，调整教师信息技术应用能力规范、学生信息化学习能力规范和管理人员信息化领导力规范。新兴教育技术的发展必然对师生及管理人员的信息素养提出了更高的要求，只有加快相关规范的制定和实施步伐，才能更好地促进师生及管理人员能力提升。最后，还要建立相应的基础教育信息化规范执行监督机构，确保已认证的相关规范能够在信息化项目的设计与实施中得到落实和完善。

【拓展资源】

1. 张琪，陈琳．我国基础教育网络教育资源现状研究与归因分析[J]．中国电化教育，2011(4)：77－81.
2. 高铁刚，王西婕，王蓉．基础教育信息化资金投入机制研究[J]．中国电化教育，2011(8)：28－33.

3. 汪基德,冯永华."农远工程"的发展对我国基础教育信息化的启示[J]. 教育研究,2012(2):65—73.

4. 刘志耀. 以信息资源共享促进教育均衡发展[J]. 中国教育信息化,2012(4):18—20.

5. 熊才平,杨文正,张文超. 技术支持下的基础教育信息资源公共服务均等化[J]. 教育研究, 2013(11):107—113.

6. 何克抗. 学习"教育信息化十年发展规划":对"信息技术与教育深度融合"的解读[J]. 中国电化教育,2013 (12):19—23.

7. 高铁刚,王蓉. 从变革的视角论基础教育的数字校园建设[J]. 中国电化教育, 2013(12):24—27.

8. 中华人民共和国教育部,国家发展改革委,财政部. 关于全面改善贫困地区义务教育薄弱学校基本办学条件的意见》[EB/OL]. (2013—12—31)[2014—04—05]http://www. moe. gov. cn/publicfiles/business/htmlfiles/moe/s3321/201312/xxgk_161635.html

二、职业教育信息化

【原文】

加强职业学校信息化基础能力建设。建立厅际协调机制,加强分类指导,全面提升高职院校网络基础设施、信息管理平台与应用服务系统建设水平,普及中职学校校园网建设,提升数字校园建设水平。完善以信息化为支撑的人才预测、就业预警和专业调整机制,建设职业教育综合管理信息系统;以学业考试和质量评价为重点,完善职业学校抽考制度,建设职业教育教学过程管理系统;建立学生职业信息技术能力认证机制。到 2020 年,省内所有职业学校全面建成数字校园,为教师和学生配备满足课堂教学、技能培训所需的计算机及配套设备设施,建设各级职业学校信息化学习支持环境和管理平台。

加快职业教育数字资源建设。以支撑高素质、技能型人才培养为目标,建设有湖北特色的职业教育资源库,建设一批省级职业教育优质资源共享课、精品视频公开课。加强实践教学环节,创新仿真实训资源应用模式,开发一批仿真实训系统,建设一批适应省内支柱产业发展需要的职业学校仿真实训中心。

加快信息化环境下的"双师型"教师队伍建设。建立和完善职业教育教师技能标准,推动远程培训、考核和认证一体化的职业教育教师信息化教学能力建设,提高持有专业技术资格证书和职业资格证书教师的比例。通过远程培训、网络研修、工教结合、顶岗实习、校企合作等方式,鼓励教师开展信息化环境下实习实训教学模式、方法和手段的创新,促进信息技术与专业课程的深度融合,提高信息技术在职业教育教学中的应用水平。

【解读】

"职业教育信息化就是职业教育的师生在基于网络环境的基础上运用信息技术来推动职业教育的教学改革和发展,从而实现职业教育现代化、满足时代和社会需求的过程。"[①]职业教育是推动我省经济发展、促进就业、改善民生、解决劳动力供求关系不和谐的重要手段。近几年湖北省职业教育信息化发展在整体上取得了一定进步。高等职业院校教师信息化终端设备配备情况和校园网接入情况基本普及,使用网络防病毒系统的职业学校比例高达57.41%。在数字化资源建设方面,部分职业院校拥有数字化教学课件并建立了集成各种信息资源的内部门户。但是,从整体上看,我省职业教育信息化工作尤其是中职教育还非常薄弱。职业教育教师的信息技术应用水平整体较低,优质数字化教学资源非常缺乏,职业教育虚拟实训设备不足。为此,《湖北省教育信息化发展规划(2014—2020年)》提出从以下三个方面加快我省职业教育信息化发展的步伐。

(一)加强职业学校信息化基础能力建设

首先,提升数字校园建设水平。基于当前全省职业学校的网络基础设施相对薄弱的问题,《湖北省教育信息化发展规划(2014—2020年)》提出建立厅际协调机制,加强分类指导,全面提升高职院校网络基础设施、信息管理平台与应用服务系统建设

① 范如涌,项晓乐. 职业教育信息化的概念、内涵及其发展模式分析[J]. 电化教育研究,2003(9):25—29.

水平，逐步提升我省各级职业院校数字校园建设水平。具体内容包括在校园网建设方面，全面普及各级职业院校校园网建设，满足职业院校教育教学工作的基本需求，逐步形成全面覆盖校园网的数字校园；在信息化终端设备方面，加快完成全省各级职业院校信息化硬件设施配备工作，包括信息化教育教学设备和数字化技能培训设备与设施，以满足职业院校教育教学工作和技能培训工作的需要。

其次，依托信息技术提高职业院校办学水平。通过校企合作、产教结合等方式，建设具有人才预测、就业预警和专业调整等多功能职业教育综合管理信息系统，开展即时、动态的人才需求分析、就业预警分析并及时做好专业设置分析，在信息技术的支撑下为调控职业院校招生人数、调整专业设置和师资队伍建设提供可视化依据。确保全省职业教育专业设置和人才培养计划具有较强的针对性和前瞻性，促进职业教育与社会产业高度契合，提高职业教育服务社会的水平，为实现建设人力资源强省的目标提供支撑。

第三，提升信息化职业教育教学质量。通过建设职业教育教学过程管理系统，发展职业教育教学质量网络监控系统。结合相关部门实施职业院校抽考制度，开展对全省职业院校教育教学质量和学生学业表现全面、科学、完整、客观的评价，引导全省职业院校把工作重点放在优化教学过程上，促进全省职业教育教学工作朝着科学化、规范化、制度化的方向发展。

最后，完善职业信息技术能力认证机制。通过创新以信息技术为支撑的职业技能考核形式，制定符合岗位需要的职业能力考核标准，落实科学、规范的学生职业信息技术能力评价策略，逐步形成机制健全的学生职业信息技术能力认证体系。依据完善的学生职业信息技术能力认证机制，以学生利用信息技术解决岗位中职业技能真实问题为考察目标，以完善的岗位信息技术职业能力认证考核、评估标准为手段，准确把握职业院校学生具备的真实岗位职业能力，以认证机制为外力推动学生又快又好地掌握岗位职业技能。

(二)加快职业教育数字资源建设

首先，加快职业院校数字化教学资源建设，提高全省职业教育教学质量。一是以湖北地区职业院校的“品牌”专业为主题，开发一批有湖北特色的数字化资源，建立项目库、案例库，增强教学环境和过程的实操性，形成具有湖北特色且在全国具有示范引导作用的职业教育资源库。二是以优化全省职业院校教育教学过程为目标,形成多方参与、共建共享的数字化教育资源创建机制,建设一批内容丰富、主题鲜明、适用性强的优质资源共享课和精品视频公开课,从整体上提高湖北省共享课和公开课的数量与质量,以优质资源促进湖北省职业教育教学质量的全面提升。

其次,建设完善的仿真实训教学服务体系,提升职业教育实践教学水平。一是推广以就业为导向,以行业生产活动为核心,以具体项目为驱动,以学生自主训练为主、教师指导为辅的仿真实训资源应用理念和模式,提高职业院校办学效益。二是以优化教学过程,提升实践教学的信息化水平为服务宗旨,结合职业教育的特点,开发一批针对性、适用性较强的仿真实训系统。三是立足湖北省的产业发展特点,结合省内各级职业院校的专业优势,建设一批满足职业院校开展实训教学的仿真实训中心,支撑职业教育与省内重点产业对接。

(三)加快信息化环境下的"双师型"教师队伍建设

第一,提升职业教育教师整体水平,注重教学能力与专业技能共同提高。首先需要建立和完善职业教育教师技能标准,指导并确保职业教育教师具备完全胜任理论教学、实践教学以及实习指导工作的能力。其次,需要做好职业教育教师信息化教学能力建设工作,确立远程培训、绩效考核、评估认证的一站式职业教育教师资格认证流程,加强职业教育教师的教学能力、专业操作能力、实训服务能力,促进教师教育技术理论与实践的一体化,提升全省职业教育专业教师取得职业资格认证的数量。

第二,培养职业教育教师信息素养,促进职业教育教师的信息化教学水平迅速提升。各级职业院校可以从以下两点推进专业教师的信息化教学能力:一是各级职业院校全面部署远程培训和网络研修工作,安排教师进行信息化教学技能和专业技能培训,培养教师在信息化环境下的创新教学方法、教学模式和教学手段的能力,同时提高信息技术在职业教育中的应用水平。二是各级各类职业院校严格落实校企结合、顶岗实习、工教结合的职业教育教师培养模式,制定详实的在职研修计划,提高职业教育教师的专业技能素质。

【拓展资源】

1. 中华人民共和国教育部.教育部关于加快推进职业教育信息化发展的意见[EB/OL].(2012－05－04)[2014－04－05]http://www.moe.gov.cn/publicfiles/business/htmlfiles/moe/s3055/201205/xxgk_136506.html.
2. 中华人民共和国教育部.教育部关于推进高等职业教育改革创新引领职业教育科学发展的若干意见[EB/OL].(2011－09－29)[2014－04－05] http://www.moe.gov.cn/publicfiles/business/htmlfiles/moe/s6342/201110/xxgk_125717.html.
3. 湖北省教育厅职业教育和成人教育处.省教育厅关于推进职业教育集团化办学的意见[EB/OL].(2012－09－12)[2014－04－05] http://www.hbe.gov.cn/content.php?id=10437.
4. 于桦楠.基于网络环境的职业技术教育教学资源库的建设[J].中国教育信息化,2008(9):42－44.
5. 刘培俊.关于中国职业教育信息化的宏观思考:新发展、新需求与新趋势[J].中国教育信息化,2008(21):24－25.
6. 新华网.李克强主持召开国务院常务会议部署加快发展现代职业教育[EB/OL].(2014－02－26)[2014－04－05] http://news.xinhuanet.com/2014－02/26/c_119519457.htm.
7. 葛道凯.加快发展现代职业教育和继续教育[J].中国农村教育,2013(1).
8. 郭义.教育部财政部发布关于推进职业教育若干工作的意见[J].中国职业技术教育,2004(19):67－68.

三、高等教育信息化

【原文】

完善高校信息化基础环境。实现校园内无线宽带网络全覆盖,普通教室设备配置能够满足信息化环境下互动教学需要。建设完善的信息发布、网络教学、知识共享、管理服务和校园文化生活服务等数字化平台,全面提升教学、科研、管理、社会服务等方面的信息化应用水平。到2020年,省内高校宽带网络接入水平达到每万名师生共享带宽不低于2Gbps。

深入推进信息技术在教育教学中的应用。开发面向不同学科的数字教学资源,探索和推进大规模在线开放课程的建设与应用,实现高校公共基础课、部分专业课优质资源的大范围共享,推进现有高校精品课程的转型升级和在线开放共享。引导学生利用信息技术开展自主学习、合作学习与混合式学习,提高信息化环境下的学习能力。开展高校教师信息技术应用能力培训,将信息技术应用能力纳入教师考核评聘体系。积极开展信息化教学实践,探索信息化环境下以学生为中心的教学方法和学习支持服务方式,创新高校人才培养模式。建立湖北省教师教育网络联盟,面向省内师范院校和承担教师培训任务的高校、中小学校,共建共享教师教育优质课程资源、教学团队和实践实训基地。依托现代信息技术,构建职前和职后教育一体、学历和非学历教育融通的教师教育终身学习和培训体系。

利用信息技术推动高校治理体系现代化。建立健全以信息主管(CIO)为核心的高校信息化建设与治理体制机制。推进高校智慧校园信息化服务体系建设,全面覆盖财务管理、人事管理、学生管理、教学管理、图书管理、资产管理、校友管理等校园主要业务治理领域,促进学校构建信息化环境下的现代治理体系。

利用信息技术提升高校创新服务能力。以信息化为支撑,推进大型科研仪器设备共享,实现高校数字图书馆资源互联互通,支持跨学科、跨领域的科研团队协同工作,促进科研数据实时共享与科研成果及时转化。推进湖北省高校数字图书馆建设,与湖北省高等学校教育教学公共平台建设有机结合,为社会公众提供更高质量的开放学习资源服务。建设高校数字博物馆,积极传播具有湖北特色的地域文化。利用信息技术推进产、学、研、用结合。各高校省级协同创新中心至少开发一门优质在线课程并面向省内高校开放共享。

【解读】

高等教育作为完成中等教育基础之上进行的专业教育,它肩负着为社会培养高级专门人才、推进科学研究和服务社会发展的重任,在经济社会发展的进程中发挥着关键性作用。湖北省作为我国中部的高等教育大省，积极贯彻国家教育规划纲要的要求，抓住机遇，确立了率先建设高教强省的奋斗目标，坚持把人才培养作为高等教育的第一任务，高校办学水平明显提高，科研成果丰硕，高等教育为我省经济社会发展服务的能力也显著增强。

虽然我省高等教育信息化进程已经达到了一定阶段，并取得了很好的成绩，也表现出了与基础教育、职业技术教育相比的显著优势。但是，从建设高等教育强省和促进经济发展方式转变与经济结构转型的需要以及国家教育规划对高等教育的总体要求来看，我省高等教育整体质量还有待提高。建设完善的信息化基础设施，为信息技术在教育中的广泛应用奠定基础，推动信息技术与高等教育的深度有效融合，从而更好地提升高校培养人才与服务社会的能力。为此，《湖北省教育信息化发展规划(2014—2020年)》从“完善高校信息化基础环境”“深入推进信息技术在教育教学中的应用”“利用信息技术推动高校治理体系现代化”和“利用信息技术提升高校创新服务能力”四个方面对我省高等教育信息化的发展任务进行了详细阐述。

(一)完善高校信息化基础环境

目前，我省高等教育信息化基础设施建设已经基本普及，各高校已经全部建成了校园网络，校园网在教学、科研和管理方面发挥着越来越重要的地位。在基础设施环境不断改善的基础上，我省各高校数字化资源建设也取得了丰硕成果，建成了高等教育精品课程资源库，省内高校资源共建共享工作不断深入。虽然我省高等教育信息化环境正在不断改善，但是各学校之间的信息化水平仍然存在很大差异，高校信息化发展不平衡的问题依然较为明显。网络教学系统有待完善，知识共享平台的建设和共享程度有待提高，教学、科研、管理等方面的信息化应用水平有待提升。

完善高校信息化基础环境是开展高等教育信息化工作的前提和基础，它包括两个方面的内容。一是进一步完善高校信息化基础设施建设，提高宽带接入水平，保障师生的网络共享，提高普通教室中互联网、交互式电子白板等信息化设备的配置，满足高校互动教学的需要。同时，充分发挥互联网的信息公开渠道作用，进一步增强门户网站、公报公告等平台的快捷性、互动性和互通性，逐步完善服务于广大师生的立体化信息公开综合方式。二是加强高等教育数字资源建设，完善管理与服务平台。在现有的高校数字图书馆、精品课程资源库等网络资源的基础上，鼓励跨学科、跨校合作,促进优质资源在不同学科、不同高校之间的共建共享,丰富我省高等教育数字资源。同时,建立完善的网络管理与服务平台,保障网络信息的及时发布、网络教学的顺利开展以及良好校园文化的建立,在信息化惠及高校各领域的基础上,促进教学、科研、管理和社会服务水平的共同提高。

(二)深入推进信息技术在教育教学中的应用

我省高等教育信息化教学方面已经取得了显著的成绩,各高校普遍开始采用信息技术改进教学,高校网络教学平台建设不断完善,网络辅助教学的课程比例不断提升,师生的数字化资源获取的渠道和数量逐渐增多,信息化环境下高校教学质量稳步提高。同时,我省各高校在校园管理和服务信息方面也得到了快速发展,服务于教学、科研、管理和生活等各方面的电子校务系统不断完善,高等教育信息化程度不断提高。但是,现有的高校信息化教育资源与学校支持系统对于提升高校素质教育、培养创新型人才的支持仍然不足。例如,数字化课程资源的设计大多基于传统讲授型课堂进行,网络交互平台设计不够完善,难以满足学生自主学习、协作学习和个性化学习等不同学习方式的需要;课程平台教学资源有限且内容更新较慢,校际之间合作不足,教学平台与资源重复建设且应用效率较低。因此,信息技术在高校教育教学中的应用需要更加深入。

首先,开发面向不同学科的数字化教学资源,促进传统高校精品课程的转型,探索建立大规模在线开放课程,将我省名校名师的优质课程在更大范围内开放共享,建成和完善高校开放、共享和互动的信息化教学平台。一方面,大规模优质教育资源的开放共享为我省高校师生的拓展学习提供丰富的资源支持,奠定了学生参加个性化学习的基础,促进他们自主学习、合作学习与混合式学习的开展,有利于他们信息化环境下自主学习能力和创新能力的提高;另一方面,通过大规模在线开放课程,扩大我省的高等教育范围和影响,为更多人提供高等教育机会。

其次,提高教师信息技术应用能力,开展教师信息技术培训和信息化教学实践,以提高其应用信息技术进行教学、科研和管理的能力,探索信息化环境下人才培养的最佳模式,促进学生主体性的发挥和创新性人才的培养。同时,建成统一考核、学生评估、教师自评与互评相结合的教师评估系统,对教师的信息技术应用能力进行全面评估,并将其作为教师考核与评聘体系的一部分,提升高校教师对信息技术的重视程度。

再次，开发湖北省教师教育网络联盟信息化支持系统。结合我省师范院校网络协作办学的实际需求，建立和提供标准化开放的公共服务平台和优良的服务体系，各校共建共享优质资源，为我省教师教育提供平台和资源支持，从而全面推进教师教育创新、提高教师队伍建设，以教育信息化推动教师教育现代化，构建教师终身学习体系。鼓励省内师范院校和承担教师培训任务的高校、中小学校在师范专业建设、教育教学与管理、师范生培养等方面全面深入合作，并以教师教育网络联盟为基础，依托现代信息技术，构建一体化的教师职前和职后教育、学历和非学历教育融通的教师教育终身学习和培训体系。开展面向省内师范院校的教师教育网络联盟建设，促进我省教师教育水平的整体提升。

(三)利用信息技术推动高校治理体系现代化

2014 年 1 月的全国教育工作会议首次提出了“教育治理”的理念，并把今后一阶段我国教育工作的目标确定为“深化教育领域综合改革，加快推进教育治理体系和治理能力现代化”，这是我国教育领域贯彻党的十八届三中全会精神，主动转变思路的重大理论和实践转型。[①] 大学治理是在大学利益主体多元化以及所有权与管理权分离的情况下，协调大学各利益相关者的相互关系，降低代理成本，提高办学效益的一系列制度安排。高校的信息化则成为大学管理向大学治理转变的重要推动力。它体现在：高校信息化使大学内的各个角色权利和责任进一步明晰，组织结构趋向扁平化，管理流程从粗放发展为集约，管理与被管理的关系重构为服务与合作的关系，高校的人性化、个性化、社会化将不断加强。

目前，我省各高校利用信息技术推动高校管理体系建设已取得了一定成就，但整体水平不高。对于包括我省在内的所有高校来说，信息化建设投资巨大，如果不能有效利用信息系统，信息技术的价值就不能得到充分体现。因此，高等教育信息化不仅包括信息化基础设施建设、数字化学习资源建设和信息化教育教学的推进，还包括信息管理系统的完善，以促进信息化环境下高校治理体系的现代化。利用信息技术重构我省高校管理体系，可以保障信息化环境中数字教育资源的有效管理和高校教育教学与科研工作的顺利进行，进而从整体上提升高等教育信息化的水平和效果，主要

---

① 任友群. 以智慧校园支撑大学治理[N]. 中国教育报，2014－03－26(11).

包括以下两个方面的内容。

一方面,建立以信息主管(CIO)为核心的高校信息化建设与治理体制机制。信息主管作为新型的信息管理者,他们不同于一般的信息技术部门的普通工作,而是进入了最高决策层。在教育信息化不断深入的今天,高校科学决策管理也成为一个备受关注的话题。以信息主管为领导的管理决策支持系统能够向高校决策者提供有关学校形式的瞬时变化、发展趋势及历史数据等信息,有利于信息化环境下的教育决策,并有效促进高校利用现代化的信息管理手段解决问题。因此,提高高校中各类组织对CIO的认识,提升信息部门在高等教育部门中的地位,培养一批能够胜任信息化领导工作的CIO,为高校决策出谋划策,促进我省高等教育工作的顺利健康发展。①

另一方面,推进高校智慧校园信息化服务体系建设。建立网络安全管理制度,为高校师生提供一个安全、稳定、可靠的校园网络;不断完善校园网应用系统,实现高校信息管理数据库、教学资源平台与校园智能管理与决策平台等系统的建设与完善,促进高校教务、学生、人事、财务、资产、科研等项目管理的关联与有机统一,避免重复建设与管理。利用信息技术促进高校人、才、物、时间和信息等多种资源管理的融合、协调与统一,实现各部门之间的相互配合,推动信息化环境下高校各项活动与组织方式的重组,进而促进高校的创新发展和总体目标的实现。

(四)利用信息技术提升高校创新服务能力

以信息化为支撑,提升高校创新服务能力已经成为我省高等教育信息化的重要内容。目前,我省已启动"2011计划"以全方位提升高校服务创新湖北建设的能力,并按照"湖北急需、国内一流"的总体要求,根据学科优势和办学特色定位,确定了协同创新的主攻方向,实现各方面创新资源的深度融合。但是,目前依托信息技术实现高等教育协同创新的方式方法还有待进一步发掘和探索,我省高校之间的合作与资源共享以及社会服务与文化传承的能力还有待加强。因此,我省高校在信息技术的应用提升创新服务能力方面主要包括以下内容:

第一,推进高校合作,实现资源共享与协同创新。一方面,鼓励各高校建立合作联盟,实现硬件设施与优质数字化资源的共建共享,促进高等教育资源的高效利用。

① 吕晨飞. 试析高校信息化进程中的CIO体制[J]. 中国远程教育,2004(5):20—23.

另一方面，推进高校之间、高校与科研院所之间的协同创新，鼓励跨学科、跨领域的科研团队建设，完善团队运作机制，实时共享科研数据与阶段性成果，促进大型科研项目的顺利开展，并有效推动科研成果在不同学科领域中的及时转化，促进各学科之间的有效融合。

第二，建设湖北省高校数字图书馆，为师生提供优质学习资源与学习支持服务。依托现代网络条件和技术，整体规划、合理布局、分工协调，建立实体资源和虚拟资源相结合的文献资源体系，推动我省数字图书馆建设。建成湖北省高校数字资源保障体系并制定完善的工作规范，以此来规范我省高等教育数字图书馆各类数据库资源的采购、管理、使用与服务等工作。建立先进、完善、便捷的文献服务体系，以推动我省高等教育资源的优化配置，实现数字化文献资源的共建、共知与共享，从而为省内各高校的教学和科研提供高水平的文献信息保障服务。

第三，突出湖北文化地域特色，建设高校数字博物馆。以国有博物馆为基础，依托湖北省地域文化特色和互联网平台，建设高校数字博物馆，建成湖北省文物资源基础数据库、博物馆公共服务平台和文物安全检测平台，并按博物馆的不同类型，建成覆盖全省各大高校的数字博物馆群，实现湖北省各地博物馆资源的网络共享。同时，面向湖北省各阶层开放优质数字博物馆资源，为人们提供科普教育、通识教育、专题教育、人文教育等方面的公共服务，促进我省公共科学素质和人文素质的整体提升。①

第四，鼓励高校与企业联盟，推进产学研用结合。构建网上科技咨询服务平台，传播最新科研成果并促进其快速有效转化，鼓励高校与其他社会团体的合作与联盟，建立长效的交流合作机制，推进大学、企业及其他社会团体之间的资源共享与信息互通，并探索改革与发展的新模式与新机制，以加快高校科研成果与企业开发应用的对接，提高高校服务我省经济社会发展的能力。同时，鼓励各大高校优质在线课程的开发并面向省内高校开放共享，建设我省高等教育优质课程资源群，使我省广大高校在优质资源共建共享的过程中实现共同发展。

高等教育信息化发展规划不仅提出了我省高等教育信息化的总体发展目标，还从基础环境、教育教学、管理体系和创新服务四个方面确定了信息化发展水平的评价

---

① 徐士进. 中国大学数字博物馆[J]. 中国教育信息化，2008(21)：19.

指标,并对信息技术与我省高等教育深度有效融合在教学、管理与服务上的措施提供了指导,各高校可以根据自身的现实条件和发展需要,在符合我省高等教育信息化整体要求的基础上,适当调整并设计出合适的指标体系,明确自身高等教育信息化的发展路线和阶段性任务,尽快实现信息技术与湖北省高等教育的深度有效融合。

【拓展资源】

1. 中华人民共和国教育部. 高等教育信息化应用深入[EB/OL]. (2012—09—01)[2014—04—05] http://www.moe.gov.cn/publicfiles/business/htmlfiles/moe/s6592/201209/141392.html.
2. 中华人民共和国教育部. 教育部关于国家精品开放课程建设的实施意见[EB/OL]. (2011—10—12)[2014—04—05] http://www.moe.gov.cn/publicfiles/business/htmlfiles/moe/s6224/201111/xxgk_126346.html.
3. 吴砥. 信息化推动高校教学变革与管理创新[J]. 中国教育信息化,2013(20):8.
4. 章熙春. 大力推进协同创新全面提升高校创新能力[J]. 中国高等教育,2013(7):51—52.
5. 教育部科技发展中心. 高等教育信息化发展报告(2011)[M]. 北京:清华大学出版社. 2012.
6. 李逢庆,桑新民. 高校信息化建设中的CIO角色研究及启示[J]. 复旦教育论坛,2009,7(1):25—29.
7. 梁林梅,刘永贵,桑新民. 高等教育信息化发展与研究论纲[J]. 现代教育技术,2012,(1):5—9.
8. 李雅琴. CIO:高校信息化建设亟待管理机制创新[J]. 现代教育科学:高教研究,2010(2):128—131.

9. 王建华.创新“产学研”合作模式提升高校服务社会能力[J].中国高等教育，2006（17）：25—26.

四、继续教育信息化

【原文】

建立健全终身教育公共服务体系。以终身学习需求为导向，搭建融合各类学科教学资源、满足不同类型学习者需求的在线公共学习平台。大力发展现代远程教育，努力实现全省各地区、各学校之间继续教育学习平台与业务系统的互联互通和数据共享，建成能够提供全方位服务、满足终身学习需求的继续教育支持体系。积聚与整合社会公共教育资源，创新人才培养模式，支持学习型社区建设，大力发展面向职业、面向个人兴趣、面向家庭的在线教育，助力我省学习型社会与终身教育体系建设。

构建继续教育学习资源共建共享机制。充分利用社会优质资源，加快建设省级网络教育视频公开课、网络教育资源共享课，以及以微课程为代表的特色学习资源。鼓励各级各类教育机构、企业参与继续教育资源建设，促进社会教育信息资源的有效整合。建设继续教育学分银行，以省内高校和社区学习中心为依托，建立继续教育学分银行网点，推动继续教育学习成果认定、学分累积与转换，为实现学历教育与非学历教育学分互认提供技术支撑。

【解读】

继续教育是继学校教育之后向全体社会成员提供的一种开放教育形式，包括函授教育、高等教育自学考试、高等院校网络教育等多种形式的办学方式。随着信息技术的快速发展，继续教育迎来了前所未有的发展机遇。目前，我省提供继续教育服务的主要包括各大高校的自学考试和网络教育，呈现服务机构分散、教学资源相对独立的态势。另外，继续教育教学资源虽然丰富，但是没有形成一个类目清晰、服务完善的继续教育资源体系，可用的优质资源紧缺，不能满足社会各类学习者的多样化学习需求。为了解决上述问题，《湖北省教育信息化发展规划（2014—2020年）》部署了建立终身教育公共服务体系和构建继续教育学习资源共享机制两大任务作为推动全省继续教育信息化快速发展的推动力。

(一)建立健全终身教育公共服务体系

首先,搭建综合性继续教育数字化公共学习平台。综合性继续教育数字化公共学习平台是开展终身教育的重要技术支撑。充分利用现代信息技术,建设一个聚集各类学科教学资源的综合性公共学习平台,实现全省各继续教育机构之间互通共享的一站式学习服务,形成资源丰富、四通八达的继续教育公共学习平台。从微观层面上,满足社会各类学习者的终身学习需求,促进个人多样化的学习和发展。从宏观层面上,推动湖北省继续教育的规范化发展,为创造学习型社会贡献力量。

其次,完善信息技术支撑的终身教育公共服务机制。一是大力发展现代远程教育,发挥远程教育对继续教育事业的重要推动作用,推进高等教育自学考试和成人函授教育从传统形式向信息化转型;二是建立信息技术支撑的教育教学、教务管理、资源共享等公共信息服务方式,提高继续教育的服务水平和服务效率;三是整合与集成网络教育、函授教育、成人自学考试等继续教育数字化信息平台,形成全省继续教育机构资源共享的开放教育模式。

再次,创新开放的信息化继续教育模式和人才培养模式。集结全省各个职业教育机构,聚集并整合社会公共教育资源,打造资源丰富、类目清晰的继续教育资源库,形成多元化、多层次的自主学习环境。为了适应未来学习型社会的需要,鼓励建设一站式、多功能的开放学习型社区,推进类似于企业培训、在线学习等继续教育模式。针对不同年龄段、不同职业、不同个人兴趣,发展灵活多样的个性化人才培养模式,形成具有普惠性和针对性的人才培养模式,构建摆脱时空限制的全民终身学习环境。

(二)构建继续教育学习资源共建共享机制

首先,共同创建优质继续教育学习资源。一是建立政府引导、多方参与、共建共享的机制,为继续教育学习资源建设稳步发展提供保障。二是联合省内高等院校形成共建共享联盟,形成稳定的湖北省继续教育资源建设队伍。三是开发一批适用性强、普惠性高的继续教育教学资源,满足各类人群随时随地的终身教育需求。开发优质的开放学习资源,包括网络教育视频公开课、网络资源共享课以及以微课程为代表的特色学习资源,为不同年龄、不同专业、不同需求的学习者提供更多的全民教育和终身学习机会。

其次，鼓励各类教育机构和企业，共同整合已有的社会教育信息资源。第一，联合全省各级各类教育机构、各类企业，形成整合继续教育数字化学习资源的模式和机制，为共同整合社会教育信息资源提供支持；第二，鼓励各类继续教育机构和社会学习中心积极参与全省继续教育教学资源聚拢与整合，基于已有的社会教育信息资源，进行综合、归类、查漏补缺，避免出现一类教学资源空缺而另一类教学资源重复的现象；第三，面向社会推广继续教育学习资源开放服务，包括免费开放资源和非免费开放资源，完善湖北省终身教育服务体系建设。

最后，建设继续教育"学分银行"，实现各类继续教育之间学分互认。"'学分银行'制度是一种以学分为流通工具的，用于学分的存储和兑换，并为社会每一个成员提供学习机会的制度体系。"[①]为了实现各类继续教育之间的互认，第一，联合省内各大继续教育办学机构和继续教育学习社区，建设基于信息技术支撑的"学分银行"管理系统；第二，完善继续教育认证标准，创建严格的继续教育学分积累和转换制度；第三，推广不同类型学习成果的互认模式，扩大以继续教育方式所获得学习成果的认可范围；第四，落实省内继续教育机构之间学分累计与转换，增强全省学历教育之间、学历教育与非学历教育之间的关联性。

【拓展资源】

1. 葛道凯. 加快发展现代职业教育和继续教育[J]. 中国农村教育，2013(1).
2. 滕珺. 回归人的价值理性：联合国教科文组织"终身教育"的话语实践分析[J]. 比较教育研究，2011(4)：68－72.
3. 张宏伟，刘宇航，王立. 终身教育公共服务平台设计与实现[J]. 中国教育信息化，2012(3)：45－49.

① 邓澳利. "学分银行"制度研究[D]. 长沙：湖南大学，2007.

4. 中华人民共和国教育部. 关于加快发展继续教育的若干意见[EB/OL]. (2012—02—27)[2014—04—05]. http://www.moe.gov.cn/publicfiles/business/htmlfiles/moe/s6197/201202/131092.html.

5. 丁红萍. 当下继续教育中信息化人才培养问题及对策分析[C]//第十二届"21世纪继续教育论坛"论文集. 2012:44—47.

6. 杨志坚. 国家开放大学的历史使命[J]. 中国高等教育,2011(2):33—35.

7. 陈丽,张伟远. 网络时代远程教育在终身教育中的定位和作用:"第21届ICDE远程教育国际会议"评述[J]. 开放教育研究,2004(2):8—15.

8. 郝克明. 终身学习与"学分银行"的教育管理模式[J]. 开放教育研究,2012(1):12—15.

9. 彭飞龙. 终身学习体系学分银行的原理与技术[M]. 北京:高等教育出版社. 2013.

五、教育管理信息化

【原文】

提高教育行政机构管理信息化水平。积极推进教育政务信息化,建设省级教育管理基础数据库和公共服务平台,向学生、教师、学校和社会公众提供服务,逐步扩大网上办理业务范围。通过教育管理业务流程的再造和优化,提升教育监管与服务水平,促进教育管理现代化、决策科学化、服务网络化。到2020年,基本实现教育行政机构和学校管理部门无纸化办公,形成以信息化为支撑的扁平式、动态化、社会有效参与的教育管理模式。

加强学校管理信息化能力建设。加快推进各级各类学校建立以学籍管理、师资管理、资产管理为核心的校务信息系统,实现学校、教育行政机构管理信息系统的互联互通。到2020年,各级各类学校全面普及数字校园,学校管理信息化水平显著提升。

提升信息化领导力与执行力。强化教育行政管理人员和学校领导者的信息化建设与应用意识，联合高校、研究机构和优秀企业，开展领导力与执行力培训。建立健全从各级教育行政机构到学校的信息化管理与服务队伍，明确各级单位和人员责任。到2020年，形成适应我省教育现代化建设要求、信息素养高、信息化领导力和执行力强的管理与服务队伍。

保障校园信息安全。制定和实施校园网络与信息安全建设管理规范，建立全方位安全保障体系，确保教育管理、教学和服务等信息系统安全。加强网络有害行为防范能力和不良信息监管力度，防止暴力色情等有害信息对校园文化的侵害。

【解读】

教育管理信息化是教育信息化的重要内容和突破口，是实现各级各类教育管理现代化的重要保证。《教育信息化十年发展规划(2011—2020年)》明确指出，教育管理信息化的重要作用是"推动政府转变教育管理职能、提高管理效率和建设现代学校制度的有力手段"。自2000年将教育信息化作为推动教育改革发展的重大战略以来，我省着力构建"网上湖北教育"总平台，深度融合教育管理改革，在服务、带动教育管理现代化方面进行了有益尝试，并取得了积极的成效。[①] 但与国家教育管理信息化发展战略目标相比，我省的教育行政机构管理信息化水平仍有待提高，学校管理信息化能力建设仍有待深化，信息化领导力与执行力水平还有待进一步提升，否则难以满足人民群众日益增长的教育公共服务需求。

(一)提高教育行政机构管理信息化水平

第一，要积极推进教育政务信息化建设。教育政务信息化是实现教育行政机构从管理角色向服务角色转变的重要措施，其内容包括三个方面：①教育行政机构和学校内部的电子化和网络化办公；②教育行政机构与学校之间通过计算机网络进行的信息共享和实时通信；③教育行政机构和学校通过网络与公众之间进行的双向信息交流。教育行政机构管理信息化水平的提高，依赖于教育政务信息化的全面推进，要求以统筹规划、统一协调、分步实施为原则，在各级教育行政机构和各级各类学校中

① 中华人民共和国教育部. 构筑教育管理信息平台强力推进教育管理现代化[EB/OL]. (2012-09-01)[2014-04-04]http://www.moe.edu.cn/publicfiles/business/htmlfiles/moe/s6599/201209/141404.html.

积极推广电子政务,扩大网上业务办理范围,为学生、教师、学校和社会公众提供全方位的个性化服务,进而提高教育监管与服务水平。

第二,要提升教育监管与服务水平。近年来,高中课改网络等教育管理公共服务平台的建设应用,使我省教育管理流程得到了一定的简化与优化,教育评价决策机制更加科学民主,教育治理结构亦更加明晰合理。然而,由于教育信息化业务整合过程涉及资源配置、跨部门业务沟通与整合等监管与服务事项,亦因沟通困难、部门业务划界不清晰或不规范等原因阻碍了科学决策,导致教育监管不力,服务不周等问题。因此,有必要不断探索教育管理公共服务的模式与配套运行的机制,以标准化建设为基础,以实际应用为核心,以实现教育资源共享为目的,创新管理模式,重构和优化教育管理业务流程。同时,要采用优势互补、整体优化的服务体系,进行省级教育管理基础数据库和公共服务平台的建设,以促进教育行政部门职能从以业务流程管理为主向以服务为导向转化,提升教育管理现代化水平和服务网络化水平,推进教育决策科学化和民主化进程。

提高教育行政机构管理信息化水平的目标是,到 2020 年,基本实现教育行政机构和学校管理部门无纸化办公,即利用现代化的网络技术,营造便捷、高效的节约型办公环境,促进信息共享和协同办公,形成以信息化技术为支撑的扁平式、动态化、社会有效参与的教育管理模式。其中,扁平式教育管理强调以工作流程为中心,教育信息的充分交流以及教育行政机构资源与权力的适当授予,意在减少教育管理层级,增加管理幅度,提升教育管理效率;动态化的教育管理是指将教育管理过程视为动态系统,并在不断掌握和研究教育管理规律的基础上,采取相应的动态规划与动态控制方法进行计划、预测与控制;社会有效参与教育管理提倡动员公众参与教育信息化政策制定,使社会相关利益团体具备参与教育管理的愿望和能力,使教育政策更加符合社会需求。以信息技术为支撑,有计划、有层次、分步骤地推行教育行政机构和各级各类学校的扁平式、动态化、社会有效参与等教育管理模式,有助于提高教育行政机构和学校的管理时效性与服务全面性。

(二)加强学校管理信息化能力建设

学校管理信息化能力建设是教育管理信息化建设的主阵地。随着信息化建设的逐步推进,我省教育行政机构和各级各类学校高度重视学校管理信息化能力建设,电子校务建设已初具规模并得到稳定发展。但受教育信息基础设施水平的制约，不同地区的学校管理信息化能力建设水平呈现较大差异。且随着教育信息化建设的不断深入和应用需求的不断提高，各地区学校、教育行政机构管理信息系统之间的信息系统建设缺乏统筹，"信息孤岛""数据孤岛"和"应用孤岛"等问题日益凸显。因此，全方位提高学校管理信息化能力成为促进教育管理信息化的迫切需要。

首先，需要加快推进校务信息系统建设。学籍管理、师资管理和资产管理是校务管理的主要内容，以学籍管理、师资管理、资产管理为核心的校务信息系统的推广和普及是实现学校、教育行政机构管理信息系统互联互通的前提。一方面，要立足我省省情，建立信息整合、业务聚合、服务融合的校务管理信息系统，推动学校校务管理的规范化和标准化，支持学校服务和管理流程的优化与再造，提升学校管理效率；另一方面，要推动校务信息公开化，增加学校教学、科研和管理工作的透明度，并运用信息技术的双向信息传递功能，进行数据层面上的集成和应用系统的整合，真正实现学校与教育行政机构间的数据互通和系统互联。

其次，需要健全教育基础数据库。加强学校管理信息化能力建设须以从省到市、县和学校纵向一体化的教育基础数据库为保障和支撑。健全教育基础数据库主要包括三个方面的内容：一是建立覆盖全省学生的电子档案系统，包括学生基本信息、学籍信息、学习经历信息、资助信息和毕业就业信息等，以做好学生成长记录与综合素质评价；二是建立覆盖全省教师的职业发展电子档案系统，包括教师和职工的基本信息、工作信息、考核信息、学习经历信息、奖惩信息、简历信息等，以做好教师专业成长历程的记录，发展教师专业成长的多元化科学评价体系，有效激发教师自主发展意识，提高其专业成长内驱力；三是建立覆盖全省的学校办学条件基础数据库，包括学校基本信息、校舍信息、经费信息、条件装备信息、教学科研信息等。[①] 集层次化与集中式相结合的分布式教育基础数据库为加强教育监管、支持教育宏观决策、全面提升教育公共服务能力提供技术和数据支撑，对实现教育管理信息化具有重大意义。

最后，全面普及数字校园建设。加强学校管理信息化能力建设的目标是，到2020年，各级各类学校全面普及数字校园，学校管理信息化水平得到显著提升。数

---

① 曾德华. 教育电子政务建设：国家教育管理公共服务平台建设实施框架与关键问题探讨[J]. 中国教育信息化，2013(14)：8—10.

字校园的概念就是:挖掘先进的管理理念,应用先进的计算机网络技术把学校现有的教学、科研、管理、生活、服务等有关的资源进行整合与集成,以实现统一的用户管理、资源管理和权限控制,实现资源的有效配置和充分利用,促进校务管理和后勤服务过程的优化与协调,从而创造新的教育和工作模式,完成传统教育模式难以实现的目标。数字校园的普及是一项需要全校诸多部门协同运作的复杂工程,其过程需要考虑技术可行性、资金可行性、应用普及性等诸多因素。各级各类学校应基于针对性的调研,规划校园网的建设,以适应学校的中长期发展规划,打造随时、随地、随需互动交流、无限沟通的数字化无边界学校,形成全面、集成、即时、动态的教育管理监测评估体系,逐步实现各级各类学校全面普及数字校园,实现师生应用数字终端多方式、多形态覆盖。

(三)提升信息化领导力与执行力

教育行政管理人员和学校领导者责无旁贷地肩负着领军教育信息化工作的重任,其信息化领导力与执行力对本地教育信息化发展的方向、速度和高度起着决定性作用。然而,当前不少教育管理者的信息化领导力和执行力还有所欠缺,主要表现在:一是教育信息化意识相对比较薄弱,偏向从技术发展与成本角度思考教育信息化发展方向,易陷入重硬件轻软件、重建设轻运维、重短期利益忽视长远效益的误区;二是自身的教育信息化知识及信息技术应用能力不足,无法引领区域或学校进行科学、可持续的教育信息化发展,不能很好地应用信息技术开展各项管理工作。

教育行政管理人员和学校领导者的信息化领导力与执行力的提升应以其信息化建设与应用意识的强化为前提。教育行政管理人员和学校领导者应从信息技术在教育教学中的应用角度思考教育信息化建设方向,以信息环境中的决策能力、组织能力、执行能力、评价能力以及沟通能力带领教育行政机构和全校师生实现教育信息化过程。同时,教育行政部门应分阶段地计划实施与高校、相关研究机构和优秀企业的联合,为教育行政管理人员和学校领导者提供领导力与执行力专项培训。培训工作采取逐级培训的模式,省负责培训到县和高校,县负责培训到学校,建立培训考核制度,对参与培训人员进行考试,考试合格颁发培训合格证书,通过多种方式帮助教育工作管理人员掌握一定的教育信息化相关理论、知识与应用技能,掌握新型信息化管理手段和方式,为引领教育信息化发展作好知识储备。

信息化领导力与执行力的提升不仅要依靠教育行政管理人员和学校领导者，也需要一支有组织、懂管理、有理论、懂技术、精干务实、及时高效的教育信息化管理服务队伍。因此，要因地制宜，逐步改革调整现行教育管理体制，创新教育信息化管理体制，为各级各类教育行政机构和学校明确教育信息化发展任务与管理职责，发展与我省教育信息化发展需要相适应的统筹有力、权责明确的管理体制和高效实用的运行机制，到2020年，形成适应我省教育现代化建设要求、信息素养高、信息化领导力和执行力强的管理与服务队伍。

（四）保障校园信息安全

网络环境下校园信息安全体系的建立有利于保证涉及到管理安全、身份安全、业务安全、数据安全在内的校园信息网络。互联网社会的建立使得人与人之间、人与社会之间的交流更加便捷，也增加了黑客非法入侵、有害信息滋生的可能性。尤其针对缺乏自控力和辨别力的未成年人，全方位安全保障体系的建立能够降低使用风险，最大限度地保障信息安全，从网络、系统、应用和管理方面进行立体的防护。

据抽样统计，我国中小学校中63%学校没有统一提供网络防病毒系统，87%学校没有建立入侵检测系统，82%学校没有建立信息安全保障系统，我国高等学校中只有4.4%的高校通过了信息安全测评或认证[①]。完善的校园信息安全监管制度需要机制创新和政策支持，健康校园信息网络的构建需要包括家长在内的社会各方面努力。一方面要提高信息安全预警意识。对于辨识能力和自我保护能力相对较弱的未成年人而言，信息安全的保障要建立在危害发生之前，通过监测、评估等方式提高对于信息外泄、非法入侵等的预防与响应能力。另一方面要积极建立教育信息化公共安全保障环境，包括教育行业信息安全等级保护机构和评测机构，最大限度地隔绝不良信息、降低用户风险、提高网络资源的利用效率。

① 规划编制专家组.《教育信息化十年发展规划（2011—2020年）》解读[M].北京：人民教育出版社，2012：153—160.

【拓展资源】

1. 规划编制专家组.《教育信息化十年发展规划(2011—2020年)》解读[M]. 北京:人民教育出版社,2012:110—114.
2. 教育部办公厅关于教育电子政务建设的指导意见[J]. 教育信息化,2003(4):8—9.
3. 罗方述. 国家教育管理信息系统建设相关工作介绍[J]. 中国教育信息化,2013(13):4—7.
4. 中华人民共和国教育部. 教育管理信息化提升服务与监管能力[EB/OL]. (2012—09—01)[2014—04—05]http://www.moe.gov.cn/publicfiles/business/htmlfiles/moe/s6592/201209/141389.html.

4.3 重大工程解读

一、义务教育校校通、班班通建设工程

【原文】

实现宽带网络的全面覆盖。构建"政府引导、企业建设、学校使用"的宽带网络接入机制。依托公共通信资源,加快推进光纤入校,实现宽带网络对义务教育阶段各级各类学校、教学点的全面覆盖,并同步构建绿色安全的网络监管体系。到2015年,城区义务教育阶段学校接入带宽不低于100Mbps,县镇学校不低于20Mbps,农村学校、教学点不低于10Mbps。

完成网络条件下的基本教学环境建设。加快推进校内网络基础设施建设,实现校内网络通过有线或无线方式覆盖所有教室、办公室等场所。为乡镇以下农村学校及教学点配备多媒体设备,到2015年,教师信息化教学终端普及率达50%以上,学生信息化学习终端普及率达15%以上,基本实现义务教育阶段学校、教学点所有自

然班普及多媒体教室等信息化教学环境。

实现优质资源“班班通”。与基础设施建设相同步，为学校配置一定的教学资源和工具软件，实现班级使用优质资源开展课堂教学，教师具备基本信息化教学能力。探索信息化条件下教学模式创新，开展“专递课堂”“名师课堂”和“名校网络课堂”的建设与应用，利用优质资源促进教学、教研及跨校交流应用常态化。

【解读】

“校校通”(宽带网络校校通)和“班班通”(优质资源班班通)是教育部对《教育信息化十年发展规划(2011—2020年)》重点工作的凝练，是提升各级各类学校教育信息化基础能力的重要举措。“宽带网络校校通”的实质内容有两个方面：一是基本改善各级各类学校的宽带接入条件；二是基本完成各类学校网络条件下的基本教学环境建设。“优质资源班班通”的根本目的是推进信息技术在教学教研活动中的普遍应用，即要使基本实现“校校通”的学校中大部分班级的课堂教学能够使用优质数字教育资源，能够通过优质数字教育资源和信息技术手段提高教学质量，促进教育均衡发展。

义务教育是基础教育的重点阶段，因此提高义务教育信息化基础能力是湖北省教育信息化建设的重要内容。湖北省有600万左右的义务教育阶段在校生，因地理位置、经济条件等原因造成各地区教育资源分布不均衡，自然环境恶劣的教学点和边远山区的教育教学质量问题长期得不到解决，对优质教育资源的巨大需求促使加快完成义务教育阶段“校校通”和“班班通”建设成为湖北省教育信息化未来7年发展的重要任务。义务教育“校校通”“班班通”建设工程主要包括：实现宽带网络的全面覆盖、完成网络条件下的基本教学环境建设、实现优质资源在课堂教学中的普遍、深入应用。

(一)实现宽带网络的全面覆盖

实现宽带网络全面覆盖是完成校校通的基本内容，也是实现优质资源班班通和网络空间人人通的基础。目前，湖北省仍有40%的中小学尚未接入网络，为了能够夯实湖北省教育信息化网络基础，《湖北省教育信息化发展规划(2014—2020年)》提出了城区义务教育阶段学校接入带宽不低于100Mbps，县镇学校不低于20Mbps，农村学校、教学点不低于10Mbps的建设目标。为了多方筹措网络建设资金并获得更好的运维服务，《湖北省教育信息化发展规划(2014—2020年)》提出宽带接入的建设机制为“政府引导、企业建设、学校使用”,即由政府的教育主管部门提出整体规划、整体要求和政策指导,与运营商签订合作协议,并由运营商提供接入服务,学校按协议付费使用。

(二)完成网络条件下的基本教学环境建设

网络条件下的基本教学环境建设主要包含三个方面:一是为学校建设能上网的多媒体教室;二是为教师提供一套基本的软件工具和教学资源;三是有一定比例的教师配有计算机并且经过培训能利用网络教学资源备课授课。可见,多媒体教室建设、教学工具与教学软件以及教师的信息技术应用能力是构成信息化基本教学环境的三个主要因素。但从湖北省目前的基础来看,中小学校均拥有多媒体教室的比例不到40%,与信息化教学环境对基础设施的要求还存在较大的差距。因此,《湖北省教育信息化发展规划(2014—2020年)》明确提出“为乡镇以下农村学校及教学点配备多媒体设备,到2015年,教师信息化教学终端普及率达50%以上,学生信息化学习终端普及率达15%以上,基本实现义务教育阶段学校、教学点所有自然班普及多媒体教室等信息化教学环境”的建设目标。规划中的“信息化教学终端”是指由教师使用,为课堂教学活动提供支持的信息化终端设备,包括个人计算机、平板电脑等各类终端。通过逐步实现信息化教学环境和数字资源的均衡配置,促进湖北省各地区教育质量的提升。

(三)实现优质资源“班班通”

优质资源“班班通”的核心作用在于优质数字资源共享,核心工作在于使每一个基本具备网络条件的学校和教师自觉地运用信息技术,制作和共享优质教学资源,最终使利用信息技术实现优质教育资源的共享成为教学、教研活动的常态。因此,探索信息化条件下教学模式创新,开展“专递课堂”“名师课堂”和“名校网络课堂”的建设与应用,促进优质资源的共享与发展,提高教师利用优质资源的能力与水平,成为湖北省义务教育“班班通”建设工作的重要内容。

二、中小学信息化应用能力提升工程

【原文】

探索教学点“数字教育资源全覆盖”应用模式。采取“多点支撑、资源共享”的模式，以中心学校带动教学点，通过灵活多样的课堂结对形式，提升教学点资源应用水平。发挥中心学校师资优势，建立教学点教师课堂教学培训和网络同步研训制度，实现对教学点教师信息技术应用能力的有效指导。创新教学点管理体制和激励机制，完善教学点信息化持续发展支撑服务体系，形成教、研、训一体化的协作交流机制。到2015年，实现省内所有农村教学点“优质数字教育资源全覆盖”，开齐开好规定课程。

建设基础教育信息化试点区、校。建立湖北省基础教育信息化试点区、校遴选机制。创新信息技术在教学、德育、管理等方面的应用，培养一批骨干学校、骨干教师，开发一批骨干课程，形成具有湖北特色的教育信息化区域发展模式。到2015年，在全省范围内选择不同经济和教育发展水平的区域，建设一批基础教育信息化试点区、校。

开展信息化环境下的教与学创新实践。以试点区、校的名校和名师为主力，组织开发高质量的数字化教学资源，组建跨区域的基础教育资源共建共享联盟。鼓励教师利用信息技术开展启发式、探究式、讨论式、参与式教学，探索建立以学习者为中心的教学模式。鼓励学生利用信息技术工具与专用学科工具开展自主学习、合作学习。在有条件的地区和学校，依托省级教育资源公共服务平台开展高效互动课堂教学实践。形成一批具有鲜明地域特色、与学科紧密结合、具有较大推广价值的信息化教与学新模式。

利用信息技术促进招生考试制度改革。构建以学生品质素养、学业成就、身心健康等为主要内容的学生成长电子档案。利用信息技术，促进初、高中学业水平考试与综合素质评价结合，探索多样化考试方式和多元化评价方式，逐步改变一考定终身的招生考试制度，以评价改革带动教育变革，深化素质教育。

实施基础教育信息化应用绩效评估。建立基础教育信息化应用评估指标体系和发展监测体系，形成省、市、县三级联动的教育质量监测管理机制。汇集区域和学校的教育信息化与教育教学活动数据，开展基于大数据的学校教育质量评价、教师专业发展评价、学生学业成就评价、课程质量评价以及区、校教育信息化应用水平评估。

【解读】

信息化应用能力是学校信息化发展水平的重要体现，既是教育与技术深度融合的表现,又是其实现途径。目前,湖北省经过多年的建设与探索,个别学校在教育教学模式创新上已经有所突破,信息技术在发挥变革课堂教学与教育管理方面的作用逐渐加大,但是从总体上看,湖北省中小学教育信息化还处于起步和应用阶段。因此,通过实现教学点优质资源全覆盖、探索教育信息化发展机制、促进技术在教学与管理中的深层次应用是我省教育信息化下一步发展的重点工作。

(一)探索教学点“数字教育资源全覆盖”应用模式

探索实现教学点、边远地区优质教育资源全覆盖的机制,是消除数字鸿沟、促进教育公平的重要手段。利用信息技术解决教学点教育教学质量不高这一问题的办法主要有:建立优质教育资源共享的机制,将优质资源通过信息技术传送给教学点的学生;通过信息技术使教学点以及边远地区的教师获得接受再教育的机会,提高落后地区教师的专业素养,从而提高其教学质量。《湖北省教育信息化发展规划(2014—2020年)》提出“多点支撑、资源共享”,即中心学校带动教学点的模式,以促进优质教育资源向教学点的输送。并依托中心学校的师资优势建立教师课堂教学培训和网络同步研修制度,提升教学点教师的信息技术应用能力。为保障教学点信息化基本教学环境的良好运行和发展,还需构建完善教学点信息化持续发展的支撑服务体系,确保信息化设备和人才队伍的建设能够满足教育教学可持续发展的需要。

(二)建设基础教育信息化试点区、校

建设基础教育信息化试点区、校,旨在做好试点地区关于教育信息化发展模式和路径的探索及推广工作。《湖北省教育信息化发展规划(2014—2020年)》提出“到2015年,在全省范围内选择不同经济和教育发展水平的区域,建设一批基础教育信息化试点区、校”。试点工作是湖北省教育信息化的先导性工作,试点校的选择不一定是“先进校”,而应是“典型校”,试点区、校需要将信息技术创新性地应用在教学、德育、管理等方面,解决教育面临的一些实际问题。在试点区校的建设方面,应注重形成一批典型的信息化应用骨干学校,拥有一批骨干教师,开发一批骨干课程,以典型引路的方式加强湖北省特色教育信息化发展模式的形成与推广。

(三)开展信息化环境下的教与学创新实践

开展信息化环境下的教与学创新实践,深化信息技术在课堂教学中的应用,构建以学习者为中心的教学模式,提高教育教学质量。信息化环境下的教与学既需要优

质数字教育教学资源，又需要教师利用信息技术，结合现代教学理论创新教育教学方法。试点区、校的名校和名师是组织开发高质量数字教学资源的主力，通过跨区域资源共享的方式，将优质资源面向全省基础教育推送。各级各类学校教师，尤其是试点区、校教师应主动地将信息技术融入课堂教学，并以信息技术的实时交互、情景模拟、海量资源支撑合作学习、小组学习、项目学习等教学模式的开展，转变“满堂灌”的传统教学模式，探索信息化环境下高效的教学实践。

(四)利用信息技术促进招生考试制度改革

利用信息技术促进考试制度改革，目的在于以教育评价为突破口推动教育的变革。传统的教育评价，评价方式单一、评价内容僵化，以总结性评价为主，缺乏过程性评价与形成性评价。教育评价不改革，应试教育的影响将无法彻底消除。湖北省作为教育大省，需依托信息技术，构建内容丰富的、基于过程性评价与总结性评价为一体的学生成长电子档案。同时，为促进学生的全面发展，应转变单一的评价标准和评价方式，并通过改革一考定终身的考试制度，促进考试公平，最终以教育评价的变革带动整个教育体系的变革，深入贯彻素质教育，实现教育的现代化。

(五)实施基础教育信息化应用绩效评估

实施基础教育信息化应用绩效评估，实现对教育教学质量和基础教育信息化发展水平的实时监测与管理。关于基础教育信息化应用的绩效评估，有两方面的重点内容：一是建立评估指标和监测体系，构建省、市、县三级联动的教育质量监测机制；二是利用教育信息化带来的大量数据，深入开展教育方面的多项评价，做到以评促教、以评促建、以评促学。基于教育信息化应用绩效评估体系，依托教育管理云平台与教育资源云平台获得动态的学生发展、教师专业发展、学校教育信息化发展等教育基础数据，并基于大数据分析的方法对以上数据进行监测和评估，为教育决策的制定和教育质量的提升提供数据支持。

三、教育管理公共服务平台建设工程

【原文】

建立省级教育管理数据中心。完善以学生库、教师库及学校库为核心的湖北教育管理基础数据库。制定数据采集、交换、共享技术规范，建立统一的基础数据交换体系,实现与国家、地方、学校各类教育管理系统的数据互通,推动省级教育管理信息数据与人口基础数据库及地理信息数据库的融合。到2015年,基本完成湖北省教育管理数据中心建设,建成覆盖基础教育、职业教育、高等教育和继续教育的基础数据库,实现对全省学生电子档案、教师职业发展电子档案及学校办学条件基础数据的汇聚和管理。

建设湖北省教育管理公共服务平台。遵循国家教育管理信息化标准,面向全省各级教育行政机构和各级各类学校,建设教育管理公共服务平台,覆盖教育行政管理与服务主要业务环节,为教育信息公开、网上办事和公众互动提供支持。完善网络信息安全与运维体系,确保数据安全。到2015年,全面完成平台建设,实现与国家平台的有效对接。

提升教育管理水平和公共服务能力。以教育管理公共服务平台为依托,优化、重构教育管理业务流程,为破解基础教育乱收费、乱招生、乱办班、乱发教辅资料、课程开设不齐、学业负担过重等重点难点问题提供支撑,形成以信息技术为支撑的规范办学行为动态考评制度和责任追究制度。全面普及校园一卡通,积极拓展一卡通的校外应用渠道。开展初、高中学业水平考试和综合素质评价,依托基础数据库和公共服务平台,开展综合质量评价,为教育行政机构和学校提供管理基础数据和决策支持。到2015年,逐步建立全省一体化、区域特色化的服务体系。

【解读】

教育管理公共服务平台是支撑教育管理现代化的基础工程,主要为各级教育行政部门和各级各类学校的教育管理和教育决策提供支持,为全省社会公众提供教育信息和公共服务。湖北省教育管理信息化经过多年建设已有了良好的基础,但各级教育管理数据库尚未建成,教育管理信息系统的差异性大、整合程度不高,数据孤岛依然存在。基于数据的教育管理监测系统和科学决策系统还未形成,依然未完全发挥出信息化提高教育管理效率、促进政府科学决策的重要作用。因此,构建省级教育管理数据中心、建设湖北省教育管理公共服务平台、提升教育管理水平和公共服务能力是我省教育管理信息化在未来7年中的重要任务。

(一)建立省级教育管理数据中心

《湖北省教育信息化发展规划(2014—2020年)》提出到2015年,基本完成湖北省教育管理数据中心建设，建成覆盖基础教育、职业教育、高等教育和继续教育的基础数据库，实现对全省学生电子档案、教师职业发展电子档案及学校办学条件基础数据的汇聚和管理。完善湖北省教育管理基础数据库，有利于提高招生考试、学生流动、学校资源配置、教师人事安排等教育管理环节数据的准确性以及相关管理业务的工作效率。完成与地方已建系统的数据交换，实现与财政、发改、公安、劳动保障等其他部门系统的数据交换与共享，提高教育部门与其他部门信息的流通与合作管理，也有助于提高教育管理部门对突发情况的应急响应速度。

(二)建设湖北省教育管理公共服务平台

建设湖北省教育管理公共服务平台，提高面向公众的教育管理服务质量与水平。教育管理公共服务平台是当前湖北教育行政部门推行信息公开，增强政务处理透明度并实现政府与公众互动的重要支撑，有利于促进我省各级教育行政部门从管理型政府向服务型政府转变。为加快我省教育管理公共服务平台的建设，《湖北省教育信息化发展规划(2014—2020年)》提出“到2015年，全面完成平台建设，实现与国家平台的有效对接”。在这一方面有两项重要的建设任务：一是按照国家教育管理信息化的标准，根据我省省情，搭建与国家互联互通、面向全省的、覆盖教育行政管理和服务主要业务环节的教育管理公共服务平台，在为师生和公众提供必要教育信息的同时，拓展并深化教育管理服务的领域和层次，将信息化融入教育管理的所有环节，提高教育管理效率和服务水平；二是做好网络信息安全的相关工作，建立湖北省的信息安全与运维保障体系。通过制定规范、建立专业人才队伍、完善信息化安全等措施，确保基础数据的安全以及教育教学和服务的信息安全。

(三)提升教育管理水平和公共服务能力

提升教育管理水平和公共服务能力，破解教育管理中的重点难点问题，逐步建立全省一体化、区域特色化的服务体系，在统一学籍编号信息的基础上，规范学校办学与完善学生评价制度。在规范学校办学方面，以教育管理公共服务平台为依托，重构教育管理业务流程，简化管理程序，优化管理结构，并构建规范办学行为的考评和追责制度，遏制因管理出现盲点而产生的乱收费、乱招生等问题。在完善学生评价方面，以校园一卡通为突破口，通过拓展校园一卡通的服务范围，记录学生多样化的学习行为，整合一卡通的相关数据，实现初、高中学业水平和综合素质评价的结合。

四、教育资源公共服务平台建设工程

【原文】

建设湖北省教育资源公共服务平台。针对学前教育、义务教育、高中教育、职业教育、高等教育的不同需求,建设重点面向基础教育和职业教育的多层次、多功能资源公共服务平台。按照政府购买公益服务与市场提供个性化服务相结合的思路,构建“政府引导、企业建设、学校应用、共建共享”的公共服务机制,形成多方参与、公平竞争、交易规范、灵活开放的教育资源公共服务体系。到2015年,基本完成平台建设,具备支持50万用户同时在线的服务能力。

形成数字资源研发、汇聚和管理机制。鼓励教育出版集团与大、中、小学密切合作,出版形式多样的电子教材和辅助性学习资源。鼓励师生自主开发特色资源。建立“政府引导、多方投入、有效整合、持续发展”的资源汇聚机制。对数字教育资源进行有效管理,制定相应的技术与管理规范,建立教育资源审核、评估、淘汰机制,对优质教育资源的供给方进行激励。到2015年,基本建成与中小学课程配套的优质数字教育资源库。

实现网络学习空间全面普及和应用。向中小学校推送优质教育资源,支持师生以网络学习空间为载体开展基于优质资源的教与学。以资源公共服务平台为依托,解决农村学校音、体、美等课程开课难的问题。面向各级各类用户开辟虚拟空间,提供教学、培训、学习、研究、社交、管理等应用服务。到2015年底,基本实现教师空间和学校空间全面普及开通,深化以网络学习空间为核心的教与学应用。

【解读】

优质教育资源的建设与共享是推进教育信息化的基础工程和关键环节,教育资源公共服务平台是实现优质资源共享的重要支撑。湖北省教育资源的建设经过多年发展,已经具备了一定的基础,但至今在资源建设和应用方面还无法满足教育教学的需求,主要表现在:从资源内容上看,基础教育中学科教学与信息技术深度融合的优质课程资源尚未全面覆盖,不同类型的特色职业教育资源长期缺乏;从资源共享方面看,因缺乏面向全省的教育资源公共服务平台,不同地区的应用信息系统各自为政,尚未形成优质教育资源共建共享的局面;从资源建设机制上看,以高校、企业、教师为主体的数字化教育资源开发机制尚未建成,以政府引导、市场择优的资源建设机制还不完善,优质教育资源匮乏。因此,为适应我省教育现代化的需求,必须启动教育资源公共服务平台建设工程,依托湖北省教育资源公共服务平台,形成数字资源研发、汇聚和管理机制,实现网络学习空间全面普及和应用。

(一)建设湖北省教育资源公共服务平台

建设面向全省各级各类教育的教育资源公共服务平台。湖北省教育资源公共服务平台的服务对象主要有学前教育、义务教育、高中教育以及职业教育,根据不同类型教育对资源的需求,提供该类别教育资源的汇聚、评价、推送、搜索、传输以及数据统计等服务。平台的建设机制主要为"政府引导、企业建设、高校支撑、学校应用、共建共享",即政府制定政策引导和监督资源的建设与应用,企业根据市场原则参与优质教育资源的研发与推广,高校为教育资源建设与共享提供智慧支撑,学校不仅应用优质教育资源创新教学模式,提高教学质量,学校的教师还应成为优质教育资源的开发者,最终依托资源公共服务平台形成多方参与、公平竞争、交易规范、灵活开放的教育资源公共服务体系。

(二)形成数字资源研发、汇聚和管理机制

形成数字资源研发、汇聚和管理机制,推动全省数字化教育资源的可持续、高质量、高效发展。当前资源建设正在步入一个新的阶段,以智能化的网络资源与人力资源的结合作为主要标志,突出网络资源的开发利用,而且是智能化的。另外,仅仅是网络资源的智能化还不够,还要与人力资源有效结合。[①] 因此,在资源建设方面,湖北省的主要任务有:第一,建立研发主体多元化的数字教育资源建设机制。鼓励企业与大、中、小学密切合作,研发优质教育资源。教师作为开展教育活动的一线工作人员,掌握着经受了实践考验的教育资源,尤其是名师,更是优质教育资源的创造者和拥有者。第二,建立数字化教育资源的汇聚机制。政府通过制定资源规划和相关政策,引导社会力量参与教育资源的建设与汇集,通过平台对资源进行有效整合,避免重复资源以及质量不高的资源对资源库的占用。第三,建立数字教育资源的审核、评

---

① 杜占元副部长在教育资源建设与共享座谈会上的讲话[J]. 中国电化教育,2011(10):1-3.

估和淘汰机制,对资源进行管理和审核,对长期无用资源进行淘汰,选择优质资源进行推送,提高资源利用率和资源服务能力。依托数字资源研发、汇聚和管理机制,到2015年,在湖北省基本建成与中小学课程配套的优质数字教育资源库。

(三)实现网络学习空间全面普及和应用

实现网络学习空间全面普及和应用,支持师生以学习空间为载体开展基于优质资源的教育教学实践。《湖北省教育信息化发展规划(2014—2020年)》提出,到2015年底,基本实现教师空间和学校空间全面普及开通。全省教师可以利用学习空间获得海量学习资源,支持课上教学、课下辅导,教学点及农村边远地区师生可利用空间中音、体、美等课程资源,实现开齐课、开好课的目标。空间面向各级各类用户开辟虚拟空间,针对教育管理者、教师、家长以及管理机构的不同需求提供专项应用服务。

五、职业教育信息化实训平台建设工程

【原文】

开发职业教育仿真实训软件。按照“统筹规划、校企共建、资源共享、持续开放”的原则,鼓励企业力量积极投入,突出职业教育教学过程的实践性、开放性和职业性特点,结合工作岗位和职业能力需求,开发与专业课程教学内容紧密结合的仿真实训教学系统,推动职业教育实践教学由传统的校内外基地实训模式向校内外基地实训与仿真实训相结合的模式转变。

创新职业教育仿真实训平台建设与运行机制。采取重点职业院校和软件企业合作、共同投资开发的模式,充分整合各方优质资源。通过原创开发或二次开发,建设以仿真实训室、数字化技能培训室、产品设计室等为代表的仿真实训中心。政府通过投入引导资金、购买软件成果、提供政策支持等多种方式推动仿真实训平台在职业院校中大规模应用,实现资源共享,并积极探索可持续发展的职业教育资源共建共享长效机制。

建设高素质的仿真实践教学教师队伍。探索仿真实训环境下教师队伍的建设机制,构建“双师型”教师评价考核体系,充分提升职业学校教师信息技术应用能力。建设职业教育教师远程培训中心,引入行业、企业职业技能培训资源,提高职业学校教师在实践教学模式、教学内容、教学方法和手段等方面改革与创新的能力。

加强仿真实训系统管理。面向职业学校实践教学需求,建设仿真实训管理系统,构建管理平台建设规范和运行机制。积极深化仿真实训系统应用,努力形成集教学、培训、教研、职业技能鉴定考核、软件设计开发和技术服务于一体的仿真实训体系。到2015年,面向省内对职校高素质技能型人才培养有急迫需求的先进制造、交通运输与物流、旅游、会计等行业,优先建设约10个仿真实训中心;到2020年,建设规模扩大至60个以上。

【解读】

加快推进职业教育信息化,大规模培养掌握信息技术的高素质技能型人才,是适应国家信息化与工业化融合发展要求,提高在职职工和在校学生信息素养、岗位信息技术职业能力和就业创业技能的紧迫任务。[①] 目前,我省职业教育信息化建设已经具备较好的基础,国家级和省级精品课程在不断开发与积累中,还有约74%的学校建立了虚拟实验室。但是也应该看到,虽然有超过70%的职业学校拥有虚拟实训软件,但其中40%左右的学校使用虚拟实训软件的专业数低于学校总专业数的10%。可见,我省信息技术在职业教育教学实践中的应用还存在与学科专业结合度不强、覆盖面不广、课堂教学应用水平不高的问题,推动信息技术在职业学校实践中的应用是我省职业教育信息化发展的重点。因此,《湖北省教育信息化发展规划(2014—2020年)》设立了职业教育信息化仿真实训平台建设工程,并明确提出:"到2015年,面向省内对职校高素质技能型人才培养有急迫需求的先进制造、交通运输与物流、旅游、会计等行业,优先建设约10个仿真实训中心;到2020年,建设规模扩大至60个以上。"仿真实训平台的建设主要涉及优质资源建设、仿真系统建设与管理、教师队伍建设以及平台运行与管理机制建设等四个方面。

(一)开发职业教育仿真实训软件

仿真实训软件是职业教育仿真实训平台的重要组成部分,也是发挥信息技术辅助职业学校开展高素质、创新型、技能型人才培养的重要教材和教学工具,由于仿真实训软件的生活化、情景化、动态化、形象化、便宜性等特点,可在降低学校实践教学

① 加快推进职业教育信息化发展的意见出台[J]. 中国电力教育,2012(18):19-20.

成本的同时实现教学质量的提高。因此,“开发职业教育仿真实训软件”成为职业教育信息化实训平台建设工程的首项内容。湖北省应鼓励学校和省重点企业开发相关专业的仿真实训软件,全面对接现代产业体系。顺应新形势需要,将绿色经济、循环经济、低碳经济等现代产业理念和技术融入软件设计与开发中。湖北省应尽快在重点行业的专业领域推出一批示范软件,以典型作用鼓励和引导全省高质量职业教育仿真实训软件的研发与应用。开发职业教育仿真实训软件的原则是“统筹规划、校企共建、资源共享、持续开放”。“统筹规划”即软件建设要有规划、有步骤,不是一蹴而就的;“资源共享”和“持续开放”是资源建设的起点和归宿;“校企共建”是指资源建设的投资、开发、应用等过程应是校企合作的过程,优势互补的过程。此外,职业教育实训软件的开发不但需要突出职业教育专业需求与社会需求的结合,还需要突出学校已有资源与仿真实训软件建设需求的结合。

(二)创新职业教育仿真实训平台建设与运行机制

创新职业教育仿真实训平台的建设与运行机制,实现平台的可持续发展,形成优质职业教育资源共建共享的长效机制。良好的建设与运行机制是仿真实训平台发挥其巨大作用的前提和保障,《湖北省教育信息化发展规划(2014—2020年)》提出了职业教育仿真实训平台建设与运行的基本思路,即在政府资金和政策的引导下,注重发挥市场机制的作用,调动社会各方面力量共同参与,在实训基地建设资金的筹集上可以采取多种形式,例如参股、合资、合作等[①],在建设内容上可包括优质资源开发、实训平台应用与运营等方面,明确权责与服务,共同推动仿真实训平台的运营与发展。在这一过程中,政府应以多样化的手段调节和创造学校与企业合作的氛围与条件,促进职业教育仿真实训平台的可持续发展;职业学校应结合自身与相关企业的优势,以满足学校实践教学为出发点,合作开发优质资源并主动推送给学校师生,推动优质资源在教与学中的应用。

(三)建设高素质的仿真实践教学教师队伍

建设高素质的仿真实践教学教师队伍,是仿真实训平台在教育教学过程中发挥

① 郭义. 教育部财政部发布关于推进职业教育若干工作的意见[J]. 中国职业技术教育,2004(19):67—68.

巨大作用的基本条件。虚拟仿真环境下的教学对职业学校教师提出了新的要求，主要表现在：教师不但要有专业实践能力，也要有使用信息技术的能力，还必须拥有将信息技术与实践教学深度融合以完成教学任务的能力。因此，首先要发展具有教师资格和职业资格的“双师型”教师，研究制定聘用有实践经验的行业专家、企业工程技术人员和社会能工巧匠等担任兼职教师的相关政策。其次，创造渠道让教师了解行业发展的知识和技能，落实教师在职进修和企业实践制度，加强专业带头人和骨干教师培养，通过开展线上、线下教育技术应用能力培训，督促教师学习信息技术，提升在信息化环境下的实践教学能力。

(四)加强仿真实训系统管理

加强仿真实训系统管理，构建健康、高效的仿真实训体系。加强仿真实训系统的管理，首先要制定符合师生使用需求和系统良好使用要求的规范体系，保证系统的高效运行；其次，在公益性原则与市场原则相结合的思路指导下，形成教学、培训、教研、职业技能鉴定考核、软件设计开发和技术服务系统的应用体系，充分满足行政部门、学校、教师和学生在资源管理、资源应用以及运维服务方面的需求。

六、湖北教师教育网络联盟建设工程

【原文】

开发湖北教师教育网络联盟信息化支持系统。针对省内师范院校依托网络开展联合办学的实际需求，利用信息化手段，提供优质资源共享、在线选课、学习评价、学分银行、个人空间等服务，促进省内师范院校在师范专业建设、教育教学与管理、师范生培养等方面开展全面深入合作。到2015年，建成湖北教师教育网络联盟信息化支持系统并实现正常运行。

建立湖北教师教育网络联盟。以湖北省高等学校教师教育联盟为基础，以华中师范大学为龙头，面向省内师范院校建设湖北教师教育网络联盟，促进湖北教师教育水平整体提升。以师范类本科人才联合培养为主要目标，兼顾在职教师进修需求，探索联盟学校学生跨校网上选课学习和学分互认的可行途径，创新教师教育模式。建立课程遴选机制，联合开发、共享优质教师教育在线课程和培训教材，提高校际合作水平，创新教师教育发展体制机制。制定网络学习评价标准，建立课程

服务团队，开展在线学习评价，实现学生网络学习的个别化指导，促进学生全面发展。到2015年，全面建成湖北教师教育网络联盟，实现联盟学校学生跨校网上选课和学分互认。

【解读】

湖北教师教育网络联盟建设工程以促进省内师范院校师范生联合培养为主要目的，兼顾了教师职前职后教育，其作用主要体现在两个方面：一方面，对于共享各校优质教育资源，探索跨校学分互认的有效机制，开展基于信息化的师范生培养模式探索，促进高信息技术素养的未来教师的培养具有重要作用；另一方面，对于在职教师的培训，通过网联平台的支撑，使省内各级各类学校在职教师特别是边远山区的教师能学到先进的教学理论和教育实践知识，有利于全省教师终身教育体系的构建。

开发湖北教师教育网络联盟信息化支持系统，为实现湖北省教师教育资源共建共享提供技术支持。湖北教师教育网络联盟信息化支持系统以信息技术为支撑，整合各类教师教育资源，通过提供在线选课、学分互认、学分银行、个人空间等应用，使全省师生共享师范高校及各级教师教育机构的优质资源，实现信息互通与资源共享。通过探索信息化支持系统的运营机制，深化全省师范院校在专业建设、教学管理与人才培养等方面的合作，建成具有湖北特色的教师教育体系。到2015年，建成技术先进、功能完善、适应教师教育发展需要的教师教育网络联盟信息化支持系统，并实现正常运转。

建立湖北教师教育网络联盟，创新教师教育模式。以华中师范大学为龙头、面向省内师范院校建设湖北教师教育网络联盟的主要任务有三：一是职前教育兼顾职后教育，创新人才培养模式。通过探索联盟学校学生跨校网上选课、学分互认机制，创新师范生联合培养新模式。通过优质资源共享、学分银行、在线服务等手段，向在职教师提供研修机会，提高在职教师业务水平。二是深化校际合作，创新教师教育发展机制。通过资源研发机制、资源管理机制、人事管理机制等方面的创新，深化我省各师范院校在优质教育资源共建共享方面的合作。建立课程遴选机制，推动我省优质教师教育在全省范围内的传播和应用，形成信息化环境下教师教育发展的新机制。

三是依托教师教育网络联盟，强化学生自主学习能力，促进学生全面发展。制定学生网络学习评价标准，规范在线学习评价和学分互认机制，开展网上学习个性化指导，提高学生学习效率。

七、教师信息技术应用能力提升工程

【原文】

制定教师能力规范。根据教育部对教师信息技术应用能力的有关要求，结合湖北省教师队伍信息技术能力发展需要，研究制定涵盖基础教育、职业教育和高等教育的教师信息技术应用能力规范，提升教师将信息技术融入教育教学的能力，引领教师专业发展。

开展教师信息技术应用能力培训。整合各类培训项目和资源，建设教师选学服务平台。组织实施全省中小学教师信息技术应用能力全员提升培训，2015 年，覆盖 50%以上教师，到 2017 年，完成首轮培训。完善专项培训体系，重点加强中小学校长、专兼职培训人员和教研员等骨干队伍及农村教师的培训。市州及区县教育行政机构通过专项培训和专题教研，组织开展区域性教师全员培训。中小学校将信息技术应用能力培训作为教师校本研修的重要内容，积极推动网络研修与校本研修整合培训，以研训结合的方式促进学用结合。加强薄弱环节，采取"送教下乡"和"送培上门"等方式，为包括教学点在内的农村学校教师提供针对性培训。全省中小学教师信息技术应用能力培训纳入教师继续教育的必修内容，每人每五年不少于 50 学时。

形成不断提高教师信息技术应用能力的机制。制定教师信息技术应用培训纲要和培训规划，探索建立网络培训与现场培训相结合的培训制度，探索个性化学习环境中教师的角色定位、能力要求和培训模式，着力提升教师将信息技术与教育教学深度融合的能力，着力提升教育管理人员将信息技术与教育管理深度融合的能力。探索建立教师应用信息技术激励机制，将信息技术应用能力作为教师资格认定、职称评聘和考核奖励的重要条件，列入办学水平评估的指标体系。整合教师培训、教研、电教和科研等机构的力量，加强对中小学校的指导，做好全员培训。通过示范课评选、教学技能竞赛和优秀课例征集等活动，发掘推广典型案例，促进教师在教育教学中主动应用信息技术，将信息技术融入课堂，推动信息技术教学应用常态化。

【解读】

教育信息化首先是人的信息化，因此，师资培训就成为教育信息化的当务之急。[①] 近年来，随着"国培"等信息技术专项培训的不断展开，全省教师教育技术应用能力有了一定程度的提升。但从整体情况来看，湖北省中小学全校初级教师培训比例达到95%的中小学仅为40%左右，还有60%的学校未实现全校教师初级教师培训。可见，设立我省各级各类学校教师教育技术应用能力提升工程是非常必要的。

《湖北省教育信息化发展规划(2014—2020年)》的教师信息技术应用能力提升工程围绕制定教师规范、开展教师培训、构建能力提升机制三个方面展开，分别阐述了其基本的工作内容和要求。首先，建立教师信息技术应用能力规范体系，注重培养教师的自主学习、应用信息技术的意识和能力，以标准促进教师利用信息技术进行课堂教学的创新，并为信息环境下教师信息应用行为提供准则，根据规范为教师教育培训和教师自主发展提供方向、目标和评测标准。其次，按照一线教师需求开展教师信息技术应用能力培训。利用信息技术，创新教师信息技术应用能力培训模式，有效利用互联网，推行线上、线下相结合的学习模式，使教师边学习、边实践、边应用、边提升。由于农村地区教师教育技术的应用水平较低，应将农村教师的相关培训作为重点，确定适合地理条件、经济条件较差地区教师的培训方式。此外，还应建立网络测评系统，为教师提供便捷有效的自评和他评服务，以评促学、以评促用。再次，建立推动教师主动应用信息技术的机制。将信息技术应用能力与教师职业发展挂钩，促使教师积极主动地学习和应用信息技术，养成良好的应用习惯，将信息技术融入课堂教学、师生交流等各个环节。

---

① 黄蔚，黄建华. 教育信息化是国家信息化的核心——访教育部科技发展中心主任李志民[N]. 中国教育报，2014—04—16.

【拓展资源】

1. 周伟涛. 资源建设是教育信息化首要突破口[N]. 中国教育报,2013－01－21(12).
2. 杜占元. 改革创新加快推动教育信息化发展[N]. 中国教育报,2013－11－29(1).
3. 王延觉. 深入推进教育信息化为教育现代化提供有力支撑[N]. 中国教育报,2014－01－15(3).
4. 教育部副部长杜占元在"教学点数字教育资源全覆盖"项目启动会议上的讲话 http://www.ict.edu.cn/laws/jianghua/n20130904_4822.shtml.
5. 教育部副部长杜占元在2013年全国电化教育馆馆长会议上的讲话 http://www.ict.edu.cn/laws/jianghua/n20130904_4823.shtml.
6. 把握机遇加快推进开创教育信息化工作新局面——刘延东国务委员在全国教育信息化工作电视电话会议上的讲话 http://www.edu.cn/zc_6539/20121109/t20121109_867577.shtml.
7.《教育部关于加快推进职业教育信息化发展的意见》教职成[2012]5号 http://www.moe.gov.cn/publicfiles/business/htmlfiles/moe/s3055/201205/xxgk_136506.html.
8.《教育部关于实施全国中小学教师信息技术应用能力提升工程的意见》教师[2013]13号 http://www.gov.cn/gzdt/2013－11/06/content_2522685.htm.
9. 梁杰. 推动教师有效应用信息技术[N]. 中国教育报,2013－11－21(2).
10. 教育部2014年工作要点[J]. 考试与评价(大学英语教研版),2014(1):3－7.
11. 杨宗凯. 教育信息化十年发展展望——未来教室、未来学校、未来教师、未来教育[J]. 中国教育信息化,2011(17):14－15.

12. 坚定信心创新机制真抓实干加巧干确保2013年教育信息化重点工作取得重大进展——杜占元副部长在教育信息化重点工作推进会议上的讲话[J]. 中国教育信息化,2013(9):4—9.

13. 杜占元副部长在教育管理信息化工作研讨会暨2012年全国教育信息中心主任会议上的讲话[J]. 中国教育信息化,2013(1):3—5.

14. 杜占元副部长在教育资源建设与共享座谈会上的讲话[J]. 中国电化教育,2011(10):1—3.

15.《教育部关于"十二五"职业教育教材建设的若干意见》教职成[2012]9号 http://www.moe.gov.cn/publicfiles/business/htmlfiles/moe/s7165/201211/xxgk_144702.html.

16.《职业教育与成人教育司2014年工作要点》http://www.hbve.net.cn/index.php?todo=content&do=show&a=7311.

17. 鲁昕. 以深入学习实践科学发展观活动为契机以质量为核心扎实推进职业教育改革创新——鲁昕同志在中国职业技术教育学会2009年学术年会暨第三次理事会上的讲话[J]. 中国教育技术装备,2010(2):5—8.

18. 教育信息化是国家信息化的核心——访教育部科技发展中心主任李志民[N]. 中国教育报,2014—04—16.

19.《国家教育管理信息系统建设总体方案》教信推办[2012]17号 http://emic.moe.edu.cn/edoas2/emic/messageView.jsp?infoid=1366170976279124&id=1375841704997176.

20.《关于印发〈国家教育资源公共服务平台教育资源审查办法(暂行)〉的通知》教信推办[2013]22号 http://www.moe.edu.cn/publicfiles/business/htmlfiles/moe/s5892/201310/158327.html.

4.4 保障机制解读

一、强化组织管理

【原文】

加强组织领导。在省政府的领导下,建立省级教育信息化协调机制,设立湖北省教育信息化专家咨询委员会。在省、市、县三级教育行政机构建立教育信息化专门工作机构,构建教育信息化管理体系,加强教育信息化工作的组织与管理。

明确责任主体。各级政府是教育信息化的责任主体,各级教育行政机构和各类学校是实施主体,校长是学校教育信息化工作的第一责任人。各级各类学校设立信息化主管,普通高校和具备一定规模的中小学、职业学校设立信息化管理与服务机构。

强化统筹推进。形成省级统筹、上下联动、以县为主、多方协同的工作推进机制。将教育信息化发展纳入地方信息化发展总体规划。按照分级负责、分类实施的原则,明确工作机构,施行目标管理,细化分解任务,提出进度要求,加强督促检查,全程跟踪问效,及时解决问题,确保教育信息化工作取得实效。

【解读】

(一)加强组织领导

强有力的组织领导是实现教育信息化可持续发展的前提,是顺利推进相关工作的基本保障。教育厅作为全省教育信息化工作的领导机构,应统筹规划全省的教育信息化发展方向、发展目标、发展任务与重点工作。省、市、县各级教育行政部门应建立对应教育信息化管理职能的工作机构,负责统筹、管理、协调辖区内的教育信息化具体工作,明确教育信息化建设的时间表和路线图,确定权责划分,明晰工作重点,分工推进。为保障教育信息化建设的科学性和可持续性,应设立湖北省教育信息化专家咨询委员会,为各级各类教育的信息化发展提供决策支持和服务。

(二)明确责任主体

明确责任主体是教育信息化推进工作管理机制构建的重要内容。各级政府作为教育信息化的责任主体,应该担负起引导和协调教育信息化工作开展、监督与评估工作绩效的重要责任。各级教育行政机构和各类学校是教育信息化具体工作的实施主体,各级教育行政机构要统筹和协调辖区教育信息化工作重点、工作开展方式,指导和管理各级各类学校的教育信息化建设工作。校长作为学校教育信息化工作的第一责任人,需对学校教育信息化建设任务、建设环境、信息化应用推进、工作开展绩效负责。为配合好各级教育行政部门与学校校长关于教育信息化建设的相关工作,应在各级各类学校设立信息化主管,在普通高校和具备一定规模的中小学、职业学校设立专门的信息化管理与服务机构。

(三)强化统筹推进

教育信息化是一项复杂、长期、动态的发展过程,需要统筹规划和社会各方的协同与支持。统筹推进主要包括两方面的内容:一是各市州关于教育信息化的工作计划应与地方发展总体规划对接,协调各部门共同开展工作,调动社会各方的积极性,合理配置资源,避免重复建设与资源浪费;二是各级教育行政部门对地方教育信息化的任务内容、责任划分、进度安排、监督和评估机制建设等工作要有清晰、科学的规划与设计,明确各部门任务、目标、权责以及资源的配置,促使区域教育信息化能够可持续地、健康地发展。

二、落实经费投入

【原文】

落实政府经费投入。省、市、县各级政府将教育信息化重点工作列入财政预算,形成长效机制。提高公用经费中用于信息化建设的比例,学校公用经费新增部分主要用于信息化建设,教师培训经费优先用于教师信息技术应用能力提升。

拓宽经费筹措渠道。坚持市场导向,鼓励企业和社会力量投资、参与教育信息化建设与服务。鼓励学校自筹资金加强信息化建设,形成多渠道筹措教育信息化经费的投入保障机制。

加强经费开支监管。注重教育信息化经费开支结构的科学性,实施教育信息化经费投入绩效评估,加强对教育信息化专项经费的使用监管,做到预算编制有目标,预算执行有监控,执行完毕有评价,评价结果有应用,切实提高资金的使用效益。

【解读】

(一)落实政府经费投入

政府经费是支持教育信息化长期建设的重要资金保障。省教育厅要统筹规划,协调好市、州、县各级财政的投入比例,优化经费支持结构,保证资金逐步落实到位。提高公用经费中用于信息化建设的比例,使教育信息化建设有稳定和充足的资金来源。教师是教学活动的主体,是实现教育与技术深度融合的关键。因此,提升教师教育技术应用能力是发挥教育信息化巨大作用的必由之路,将教育培训经费优先用于教师信息技术应用能力培训,加快推动教师信息素养的提高,须成为政府资金分配优先考虑的问题之一。

(二)拓宽经费筹措渠道

拓宽经费筹措渠道,使教育信息化资金来源多元化是构建长效资金保障体系的重要内容。首先要坚持市场导向,鼓励企业和社会力量参与投资教育信息化建设,建立省、市、县各级政府为引导的信息化建设融资机制。其次,在保障教育信息化公益性的基础上,合理分配教育信息化带来的相关收益,运用市场的力量吸引社会团体、企业、个人以及国外投资者。再次,学校作为教育信息化建设的主阵地,应具有自筹教育信息化建设资金的意识,并能够运用已有的资源,积极开展与社会其他团体和个人的互动与合作,多渠道吸纳资金,以支持学校信息化建设。

(三)加强经费开支监管

资金的监督和管理是保证经费落到实处,实现经费使用的科学化、制度化、规范化和程序化,提高教育信息化建设效率的重要保障。首先,省、市、县等各级教育主管部门要根据各地教育信息化发展情况与《湖北省教育信息化发展规划(2014—2020年)》的目标任务,及时、科学、合理地安排经费,优化资金使用的结构,研究制定支持教育信息化建设与常态化应用的政策措施,尤其是利用政策机制保障基础性公益资源建设和利用公用经费购买信息化服务的政策[①],保证教育信息基础设施、数字资源建设、教学与学习应用、教师培训以及运维服务等教育信息化建设任务所需要的资金

---

① 王延觉. 深入推进教育信息化为教育现代化提供有力支撑[N]. 中国教育报,2014—01—15(3).

充分落实。其次，加强对每一笔资金的管理与监督，对资金用途、效果及时作出评估，以随时调整资金的使用方向，保证每一笔教育信息化资金都能发挥最大效用。

三、动态考核评估

【原文】

建立评价指标体系。制定湖北省教育信息化评估的实施细则，定期对教育信息基础设施、数字教育资源建设、信息技术教育应用、教育信息化人才队伍建设等进行评估。

建立督导考核制度。将教育信息化工作纳入各级教育行政机构、各类学校的工作规划和督导考核指标，采取专家评估、网络评估和第三方评估等方式，做好教育信息化各项评估考核工作，落实各项发展任务和建设目标。

完善激励机制。出台相关优惠政策，鼓励企业积极参与教育信息化建设。定期开展教育信息化工作总结，评选教育信息化应用创新优秀案例、先进单位和个人，激励各级教育行政机构、各类学校和广大师生积极开展应用探索，形成良性循环。

【解读】

(一)建立评价指标体系

明确信息化评价指标体系，对教育信息化建设成果、应用效果、发展前景进行评估，是指导当前信息化建设工作、规划未来发展任务的重要环节。各级各类教育行政部门应根据《湖北省教育信息化发展规划(2014—2020年)》的发展目标、任务要求，结合当地教育信息化发展阶段和具体情况，明确教育信息化评估的具体指标，定期对各地教育信息技术设施建设进度、数字教育资源建设成效、信息技术应用水平、人才队伍情况等教育信息化发展的关键要素进行评估。

(二)建立督导考核制度

建立教育信息化督导考核制度，规范教育信息化推进工作的监督与评估，是落实《湖北省教育信息化发展规划(2014—2020年)》各项发展目标和发展任务的重要手段。各级教育行政机构、各类学校需将关于教育信息化工作的评估指标纳入教育行政机构和学校整体工作评估体系，加大对教育信息化建设工作的推进力度。同时，做好考核的公正性、客观性以及有效性等方面的工作，采取专家评估、网络评估以及第三方评估等多种评估方式，全面、客观地评估当前教育信息化工作的进展情况。

(三)完善激励机制

为提高教育信息化建设的积极性，加深信息技术在教育教学与管理过程中的应用，应尽快建立完善的表彰激励机制，定期对先进的个人和团体进行物质和精神上的奖励与激励。根据企业与各地教育信息化发展的情况，在市场的引导下出台有利于吸引和激励企业积极并持续参与教育信息化建设的优惠政策。通过各类教学评奖活动的组织以及定期举行的教育信息化工作总结表彰活动，评选和表彰在信息技术应用、优质教育资源研发、教育信息基础建设机制探索等方面做出贡献和有所创新的个人与社会团体，提高社会各界参与教育信息化建设和成果推广的积极性与主动性。

四、加强服务保障

【原文】

加强专业人员队伍建设。将各级教育行政机构和各类学校教育信息化专业人员纳入编制规划，明确各单位教育信息化专兼职队伍的配备标准、岗位设定和专业技术职称序列，增加信息技术教师以及教育信息化专业服务人员的编制。

构建支持服务体系。整合高校、科研机构和企业的力量，以国家数字化学习工程技术研究中心等省内高水平科研机构为依托，建立教育信息化研究支持体系。积极引导社会力量参与教育信息化建设，引入市场机制，采取服务外包等方式，鼓励企业为学校提供信息化服务，形成政府引导、企业参与，省、市、县、乡、校五级联动的运行维护支持服务体系。

开展信息化人才培训。建立多层次、多形式、重实效的信息化人才培训制度，由省、市、县三级教育行政机构制定本地区教师信息技术应用能力培训方案和中长期规划，建立科学、合理的培训体系，保证教育信息化专业技术人员的岗位培训力度。

【解读】

(一)加强专业人员队伍建设

人才队伍建设是教育信息化科学、可持续发展的重要支撑。目前，我省各级教育行政机构和各类学校教育信息化专业人员普遍不足，因此，将教育信息化专业人员纳入编制规划，明确教育信息化专兼职人员的配备标准、岗位设定和专业技术职称序列，充实专业人才队伍，提升相关人员更新专业知识、提高专业技能的积极性和主动性，有利于提高教育相关部门工作人员信息素养的整体水平，推动教育信息化的深入发展。

(二)构建研究与运维支持服务体系

构建研究与运维支持服务体系，支持教育信息化研究机构和运维机构的相关工作，是我省教育信息化事业稳步推进和高速、持续、健康发展的重要保证。在教育信息化研究方面，以国家数字化学习工程技术研究中心和基础教育均衡发展协同创新中心等高水平科研机构为依托，建立为湖北省教育信息化政策制定、各地区教育信息装备研发、优质资源开发、教学环境设计、典型项目推广等服务的研究支持体系，推动研究成果与社会实践的相互转化。在教育信息化运维支持方面，在市场原则的指导下，深化教育行政机构与各级各类学校在运维机制构建、运维服务项目中的合作，明确划分权责和服务范围，在提高教育信息化运维服务质量的同时促进相关产业的发展。

(三)开展信息化人才培训

教师应用信息技术的水平直接影响到信息化教学的最终效果，教育行政部门和学校管理者的信息素养也对教育信息化建设和发展的高度与深度具有举足轻重的作用。因此，开展信息化人才培训，构建多层次的、多形式的、重实效的信息化人才培训制度是非常必要的。省、市、县应根据本地区教师数量、管理人员数量并结合教育信息化发展的实际需要，制定本地区教师信息技术应用能力培训方案和中长期规划。从需求出发对培训内容、培训方式、培训时数进行设计和规划，构建科学、合理的培训体系，打造出具有较高信息素养的教师队伍和管理队伍。

五、开展多方合作

【原文】

开展国际交流与合作。建设信息技术与教育融合的国际合作研究机构，引入国际先进经验，探索成功应用模式。建立教育信息化专业人才国际联合培养制度，加强人员交流与知识共享。

探索区域、校际合作。探索各市、州教育信息化发展合作机制,促进交流,推动各区域教育信息化联合发展与特色发展。推动校际合作,形成以点带面机制,全面提升学校信息化建设和应用水平。

注重企业合作和产业培育。加大教育信息化宣传力度,构建良好的政策环境,鼓励企业参与教育信息化建设。以多种调控手段和扶持政策,培育数字教育服务产业,形成良性竞争的产业发展环境。

【解读】

(一)开展国际交流与合作

积极开展湖北省与教育信息化相关国际组织和企业的交流与合作,有利于促进和保持湖北省教育信息化发展战略制定的前瞻性与教育信息化人才培养的国际化。湖北省需开展与教育信息化发达国家和地区的交流与合作,互取优势共建技术应用示范基地等形式的国际合作研究机构,共同探索信息技术在教学与管理过程中的成功应用模式。定期组织优秀人才赴国外学习,聘请国外专家,建立教育信息化专业人才国际联合培养制度,加强省内与国外的人员交流,为湖北教育信息化的可持续发展提供国际化的人才支持。

(二)探索区域、校际合作

积极推进区域教育信息化的战略合作是沟通和促进各地区教育信息化协同发展的有效手段。基于区域教育长远发展的目标,各地区应探索在建设、管理、持续推进等方面的合作发展机制,以构建信息化发展经验交流平台、优质资源共享、优秀管理人员借调等方式,推动各地区教育信息化的特色发展与协同发展。积极推进湖北省各类学校间合作机制的创新,以办报办刊、经验讨论会议、异地参观等方式,搭建不同层次、不同地域、不同类型学校间的交流与合作平台。以优势资源互补共享为目的,构建优秀教师轮岗执教、优质教育资源合作共建等校际合作方式,形成以点带面的校际协同发展机制。

(三)注重企业合作和产业培育

积极促进社会多种力量与我省教育单位的深层次合作,推动教育信息化相关产业的发展，激发教育信息化持续发展的强大动力。湖北省各地区要加大教育信息化建设的宣传与推广力度，构建良好的舆论氛围，促进社会公众正确认识和理解教育信息化建设的战略地位。以多种调控手段和扶植政策，搭建良好的政策环境，规范和促进政企、校企间的合作。以提高我省教育信息化发展的国际性与开放性为契机，吸引国外资金，并引入国际先进教育信息化产业管理机制，加快我省数字教育服务产业的成长，在提高湖北省教育信息化发展活力和持续力的同时促进我省经济的高速发展。

【拓展资源】

1. 杨宗凯. 未来的教育[A]. 新观点新学说学术沙龙文集7:教育创新与创新人才培养[C]. 中国科学技术出版社,2010.
2. 王延觉. 深入推进教育信息化为教育现代化提供有力支撑[N]. 中国教育报,2014－01－15(3).
3. 杜占元. 教育信息化促进教育领域综合改革[N]. 中国教育报,2014－03－19(9).
4. 杜占元. 改革创新加快推动教育信息化发展[N]. 中国教育报,2013－11－29(1).
5. 规划编制专家组.《教育信息化十年发展规划(2011—2020年)》解读[M]. 北京:人民教育出版社,2012:110－114.
6.《关于加快实施信息惠民工程有关工作的通知》发改高技[2014]46号 http://www.mof.gov.cn/zhengwuxinxi/zhengcefabu/201401/t20140116_1036140.htm.
7.《教育部财政部人力资源社会保障部关于进一步加强教育管理信息化工作的通知》教技[2013]2号 http://www.moe.edu.cn/publicfiles/business/htmlfiles/moe/s3342/201307/xxgk_154690.html.

第5章 实施要点释义

为更好地落实《湖北省教育信息化发展规划(2014—2020年)》,各地区各部门要在省教育厅的统一领导下,按照《湖北省教育信息化发展规划(2014—2020年)》的规划方案和要求,对目标任务进行深入领会,明确建设任务分工。各有关教育行政单位需积极配合,密切协作,共同推进规划的贯彻落实。各地要围绕《湖北省教育信息化发展规划(2014—2020年)》确定的建设目标,提出本地区实施的具体方案和时间计划,分阶段、分步骤地组织实施。各有关部门要抓紧研究制定切实可行、操作性强的配套政策,尽快指导本地区建设指导意见。鼓励各地积极探索,勇于创新,创造性地实施《湖北省教育信息化发展规划(2014—2020年)》。对各地在实施《湖北省教育信息化发展规划(2014—2020年)》中好的做法和有效经验,要及时总结,积极推广。为了使广大教育工作者更好地把握教育信息化未来的发展方向,明晰我省教育信息化建设重点,特对教育信息化发展机制、教师教育网络联盟、教学点资源全覆盖、“三通工程”“两平台”建设等规划实施要点进行了解析。

5.1 关于教育信息化的发展机制

一、教育信息化组织领导机制

教育信息化涉及的工作主体较多,只有构建省级统筹、上下联动、以县为主、多方协同的工作推进机制,才能保障其持续、快速发展。因此,组织领导机制的建设与完善是发展教育信息化的首要问题。由于历史原因,我省教育信息化工作存在一定程度的权责不清、多头管理、九龙治水等问题。必须从体制机制层面予以解决,才能保障教育信息化的可持续发展。

首先,在省级层面,将在省政府的领导下,成立由多部门组成的教育信息化领导小组,加强对全省教育信息化的统筹协调,形成相关部门通力协作,共同推进教育信息化的良好局面。

其次,必须明确主管领导。各级教育行政机构要明确一位主要领导分管教育信息化工作,统一协调、管理教育信息化有关各项工作,并以此为基础严格理顺管理机制,明确责任主体。各级各类学校也应明确一位校级领导主管教育信息化,统一协调校内教育信息化工作。

第三,必须明确专门工作机构。各级教育行政机构应该设置专门的工作机构,并将其作为教育信息化工作的主要执行机构,从编制、经费等方面予以保障,确保专人到岗、按年按比例保证专项经费的投入。高校和有条件的职业学校、中小学也应该设置专门机构予以保障。

二、数字资源建设和共享机制

资源是教育教学的核心,优质的数字教育资源是发展教育信息化过程中广受关注的方面。在以往的工作中,资源的开发工作往往被政府单方面重视,其他各方参与不多,而资源的利用则被忽视,也没有达到预期的使用效果,从而导致一方面资源开发数量虽多,但优质的很少,另一方面大量资源开发后得不到有效利用,造成浪费。因此,构建数字资源建设和共享机制是教育信息化发展要实现的关键环节。

首先,应按政府购买公益服务与市场提供个性化服务的思路,努力建成数字教育资源的共建机制。以往的数字教育资源开发过程存在主体单一的问题,政府是资源开发的主要承担方,导致大量的资源开发由政府包办。对于促进义务教育均衡,保障农村中小学、教学点开齐开好课程所需的公益性资源,应该由政府主导来完成开发。对于个性化要求比较突出,专注于提升部分学科教学质量的特色资源,则可以考虑充分发挥企业和学校、师生的力量,共同参与资源开发。最终形成“政府政策引导、企业竞争提供、师生广泛参与、多方共建共享”的资源建设机制。

其次,要重视发展数字教育资源的共享机制。政府的角色应该从资源开发的主要承担主体转变为资源开发过程的组织者、资源准入门槛的设定者和评估者以及资源共享交易过程的监督者。以往我省数字教育资源开发方的预设门槛较低,企业进入这一市场基本没有太大障碍，而学校作为用户主体却没有太大的按需自主购买的选择空间，导致教育市场鱼龙混杂，资源质量良莠不齐，低水平重复开发问题严重。因此，建立良好市场秩序，充分发挥市场在资源配置方面的决定性作用，形成“政府评估准入、企业竞争提供、学校自主购买”的方式，具有十分重要的意义。一方面，要严格设置准入门槛，对资源质量采取严格监管和认证；另一方面，要保障良好的市场秩序，放开学校的自主选择权，促进资源应用主体自主化。

三、探索扩大优质教育资源覆盖面的机制

党的十八届三中全会通过的《中共中央关于全面深化改革若干重大问题的决定》对教育领域提出了“深化教育领域综合改革”的总体要求，并明确提出了“大力促进教育公平，构建利用信息化手段扩大优质教育资源覆盖面的有效机制，逐步缩小区域、城乡、校际差距”的具体要求。可以看出，探索扩大优质教育资源覆盖面的机制是当前教育信息化的重点问题。

首先，应充分发挥政府在公益性资源开发方面的主导作用。注重开发适合农村及边远地区中小学、教学点使用的高质量教学资源，并利用地面网络、卫星网络等适当的技术手段将其传输到需要的区、校。

其次，应注重形成有利于提升边远贫困地区教学质量的优质资源应用机制。一是面向农村及边远地区中小学、教学点开展“专递课堂”等新型教学模式，探索中心校带动教学点、“定点支教”等帮扶机制，以中心校带动教学点，以点带面，逐步提高优质资源的利用水平。二是搭建教师网络备授课和研修平台，形成教研训一体化的协作交流机制，实现优质教师资源共享。

四、利用信息技术提高教育质量的机制

教育信息化的核心在教育。信息技术在教育中的应用，其核心目标还是提升人才培养的质量。因此，应该通过试点工作，以“应用驱动”和“机制体制创新”为原则，促进教育与技术的深度融合。

首先，加快信息技术与各级各类教育的全面深度有效融合。目前，我省各级各类学校的信息技术教学应用大都停留在PPT等一般通用工具的教学运用层面，应用水

平总体较低,对教育质量的提升作用并不明显。因此,在基础教育方面,应该注重发展面向语文、数学、英语等主干学科的专用学科工具,将信息技术与学科教学内容紧密结合,利用技术手段提升学科教学水平,从而提高教学效果;在高等教育和职业教育方面,重点是通过仿真实训中心建设、教师教育联盟建设、高校数字图书馆建设,促进优质教育教学资源在人才培养模式创新中的应用。

其次,促进信息技术与教育教学过程的全面深度有效融合。目前,我省教师应用信息技术与教学的主要环节体现在课堂教学和备课等方面,对于教研、答疑、评价等环节的应用相对较少。应注重推进信息技术在教学活动全过程的无缝覆盖,实现技术对教育教学无所不在的支持与服务,使信息化教学应用真正成为教师教学活动的常态。

最后,推动信息技术与学校管理的全面深度有效融合。目前,我省各级各类学校,尤其是中小学的信息化管理水平普遍不高。实现信息技术与学校管理的全面深度融合,一方面有利于提升学校教学管理水平,实现对教师教学、学生学习过程的更好支持与督导,及时掌握信息,为差异化教学和个性化学习提供支持;另一方面有利于加强家校沟通,使学校、家庭之间以及教师、学生、家长之间形成连接纽带,实现无所不在的连通和服务。

五、提高教师信息技术应用能力的机制

教育信息化实施的成败关键在人,只有建成一支由具有良好信息技术应用能力的教学人员、管理人员和专业技术人员所组成的队伍,才能保障教育信息化的实施效果。因此,应注重提高教师信息技术应用能力,形成有效的发展机制,保障教师能力持续提升。

首先,加强职后培训。教育信息化的快速发展使很多学校在短短几年内就普及和更新了信息化教学环境,但是转变外在环境容易,转变人的思维却很难。庞大的在职教师队伍并不具备在短时间内转变教学思路,适应信息化教学环境的能力。有效的解决办法就是加强职后培训:一方面,要注重形成固定的、阶段性的培训机制,以严格规范的制度确保教师培训定期举行,教师能力不断提升;另一方面,要注重创新培训模式、内容和方法,凭借信息化培训手段、信息化培训内容、信息化培训环境帮助广

大在职教师尽快掌握信息化教学能力。

其次,重视职前培养。湖北数十所师范院校是省内广大中小学教师队伍的主要来源,师范生队伍是我省教师队伍的后备军。为使师范生在入职之前就适应信息时代的教育需求,必须革新师范生培养体系,改变培养模式,优化培养过程,使他们在走上教师岗位之前,就对自身的角色定位和能力要求形成清醒的认识,对未来的职业发展环境明确了解,从而积极主动地学习、掌握信息时代从事教育教学工作所需的各项知识和技能,培养与信息时代教育教学理念相适应的观念和意识。建立湖北省教师教育网络联盟,就是解决这一问题的重要途径。

最后,制定湖北省教师信息技术应用能力标准规范体系。基于教师信息技术应用能力标准和规范开发资源,并从信息化环境的教学设计、信息技术与课程整合、课程资源制作等多个方面对广大教师实施培训。探索教师信息技术应用能力评估认证机制。通过独立的第三方教师信息技术应用能力认证机构,制定有效的教师信息技术应用能力评估和认证机制,以评促学,以评促用,把信息技术应用能力与教师管理挂钩,将其作为教师资格认定、资格定期注册、职务(职称)评聘和考核奖励等的必备条件,纳入教师绩效考核指标体系,从而有效引领广大教师提升自身信息技术应用能力、学科教学能力和专业自主发展能力。

5.2 关于湖北教师教育网络联盟

为推动湖北高校教师教育优质资源共建共享,促进学生学习方法改革,加快信息化条件下的教师教育人才培养模式变革,构建职前和职后教育一体、学历和非学历教育融通的教师教育终身学习体系,《湖北省教育信息化发展规划(2014—2020年)》明确提出将建设"湖北教师教育网络联盟"。

一、网联建设的必要性

首先,有利于促进教师教育的模式变革。目前我省教师职前教育主要以省内开展教师教育的高校为依托,以传统面授教学为主要教学模式,其教学内容和方法等均难以适应信息时代不断发展的教育需求。建设省内教师教育网络联盟,一方面可以发展线上、线下结合的混合学习模式,促进教师职前教育的模式变革;另一方面有利于提高教师职后教育的质量,确保在职教师培训和进修的有效开展。更重要的是,它还有利于教师职前教育和职后教育相衔接,促进教师教育职前职后一体化,培养信息时代具有良好信息技术素养和信息化教学能力的优秀教师。

其次,有利于扩大优质教师教育资源覆盖面。我省虽有数十所开展教师教育的高校,但教师教育资源分布很不均衡,以华中师范大学、湖北大学、湖北师范学院、湖北第二师范学院、黄冈师范学院等为代表的少数几所开展教师教育的高校拥有的教师教育资源最多,导致区域间、学校间的资源拥有率差距很大,不利于教师队伍质量的整体提升。

二、网联的发展目标

湖北教师网联平台既要支持免费师范生、教育硕士的培养,又要支持在职教师的技能培训。即该平台应同时满足教师学历教育和非学历教育的需要,其中,学历教育是教师教育的重要组成部分,平台应提供学历教育所必需的教学计划、选课接口、教务学籍等多种管理功能;非学历教育是教师终身学习的必要形式,平台应为此提供课程管理、学习支持、学分银行等服务。只有这样,才能实现学历教育和非学历教育的有效沟通。

网联建设的核心目标是共建共享湖北地区优质教师教育资源,打破教师职前教育和职后教育之间的藩篱,实现教师教育全程的无缝衔接,全面提升我省中小学教师队伍的质量,为应对信息时代的教育改革创新的机遇和挑战提供有力支撑。

三、网联的建设原则

网联由湖北省开展教师教育的高校共建共享,为提高全省教师教育质量服务。因此,网联的建设应遵循以下原则:第一,遵循开放建设、灵活进出的原则。湖北地区设有教师教育机构的高等学校均可申请参加联盟,也可根据联盟有关制度随时申请退出联盟。第二,坚持规范管理原则。因为网联提供的优质资源是由多个高校合作研发和共同享有的,所以应创新高校间关于资源建设与应用的合作管理机制和制度,以促进网联的高效运行。

四、网联的运行机制

首先，网联要实行开放的进出机制，网联所有成员高校一方面可向组织推荐本校优质教师教育资源，另一方面也可在整体规划下组织开展相关资源建设活动，并将所建资源纳入网联资源共享平台。其次，网联高校间要实行优质教学资源的学分认证制度，以推动湖北地区教师教育的开放办学。再次，要依托信息技术探索职前和职后教育一体、学历和非学历教育融通的教师教育终身学习和培训体系，实现信息技术与教师教育的职前职后全方位融合。

五、网联的资源构成

网联资源主要由以下三个部分构成：一是各成员高校独立建设的国家级、省级精品开放课程；二是各成员高校推荐的本校其他优质教育资源；三是网联根据整体发展需要立项建设的特色教师教育资源。网联平台通过对以上资源进行分类处理和系统整合，构建基于免费师范生在线学习和在职教师职后培训的课程资源体系。

5.3 关于教学点数字教育资源全覆盖

一、国家和省高度重视教学点优质教育资源全覆盖

“教学点数字教育资源全覆盖”项目是为了贯彻落实党的十八大精神和全国教育信息化工作电视电话会议精神，根据《国务院办公厅关于规范农村义务教育学校布局调整的意见》和《教育部等九部门关于加快推进教育信息化当前几项重点工作的通知》要求而启动实施的一个重大项目。2014 年，我省“教学点数字教育资源全覆盖”的主要工作任务包括：以县为单位组织教学，推广“中心学校带教学点”的教学组织模式；持续加强教学点教师的信息技术应用能力培训；持续更新改进并适时推送教学点数字教育资源；加强技术支持服务和应用检查，总结形成一批典型应用案例；通过“制度加技术”形成“一校带多点”“一校带多校”的模式，切实帮助教学点开齐开好国家规定课程；探索构建利用信息化手段扩大优质教育资源覆盖面的有效机制。

湖北省地处中部,各地经济发展水平差距较大,总体经济实力有限,教育投入水平不一。辖区内地理条件非常复杂,山地、丘陵和岗地占湖北省总面积的80%,经济因素和地理因素造成了教育资源分布不均衡、优质资源难以共享的局面。目前我省有3500多个教学点,但由于自然环境恶劣、交通不便、学习资源和师资力量长期匮乏,开不齐课、开不好课现象非常普遍。信息技术打破了教育资源服务的时空限制,使优质资源惠及全民成为可能,这对提升教育资源匮乏地区的教学质量,促进湖北义务教育均衡发展具有突出作用。因此,在《湖北省教育信息化发展规划(2014—2020年)》中明确提出了到2015年,教学点接入带宽不低于10Mbps,基本实现义务教育阶段学校、教学点所有自然班普及多媒体教室等信息化教学环境。

二、关于教学点优质教育资源全覆盖的机制探索

在实现我省"教学点数字教育资源全覆盖"过程中,不仅应注重装备、资源的及时配备和输送,确保各教学点有基本的网络接入条件和多媒体教室等信息化教学环境,更应该重视多种教学模式、教学手段的灵活运用,切实发挥各种教学设备和数字资源的重要作用。首先,发挥中心校对周边教学点的带动作用,推广以县为单位组织中心学校带教学点的教学组织模式,实现教学点开齐课、开好课的目标。其次,搭建教师备授课平台和网络教研平台,通过多种信息化课堂结对形式,为课程实施、教学研究、资源获取、教学评价提供支撑,形成以点带面示范效应,全面提升区域内教学点的教学质量。再次,以远程支教、网上协同研修、教师一对一合作等方式,发挥城市名校、名师资源优势,为边远落后地区的中小学、教学点提供跟踪支持服务。

案例:

恩施州位于湖北西南山区,武陵山腹地。全州有义务教育阶段农村学校552所,教学点504个,农村学生168639人。由于受地域条件影响,处于边远山区的农村学校,特别是教学点,教学条件相对落后,教师年龄结构老化,学科不配套,难以完成规定的课程计划。

为了提高教学点教学质量,完成国家规定的课程计划,恩施州利用国家数字教育资源公共服务平台提供的优质教育资源,依托中国移动和中国电信运营商提供的远程视频系统,以县市为单位,按照"城区优质学校辐射农村薄弱学校,乡镇优质学校辐

射边远教学点”的“同步课堂教学模式”，通过协作教研、同步管理提高教学点教师专业技能，基本实现了教学点开齐课、开好课的目标。

恩施州的同步课堂模式分为三种，分别是“共同体式”同步课堂、“支教式”同步课堂以及“协作式”同步课堂。城乡之间学校“支教式”同步课堂是指，在县市教育局统一安排下，城区学校与农村学校结对，进行教学探讨，实现城乡之间优质教育资源共享，促进城乡教育均衡发展；乡镇之间“协作式”同步课堂主要为乡镇与乡镇之间遵循自愿原则，开展校际间、教师间教学研讨活动，促进教育水平共同提高；乡镇优质学校与教学点之间“共同体式”同步课堂，则为由乡中心学校统一部署，乡镇优质学校与教学点建成教学共同体，实施同步课堂教学，同步教学管理，实现管理一体化。

5.4 关于“三通工程”的发展重点

以促进义务教育均衡发展为重点，以建设、应用和共享优质数字教育资源为手段，实现每所学校都能享有优质数字教育资源，并能通过提高教育教学质量，帮助所有适龄儿童和青少年平等、有效、健康地使用信息技术，培养其自主学习、终身学习的能力，是我国基础教育信息化的核心任务。为此，教育部确定了以“三通工程”为主要内容的近期教育信息化发展重点。《湖北省教育信息化发展规划(2014—2020年)》顺应这一形势，也对省内“三通工程”建设提出了明确要求。

一、宽带网络校校通

即在基本解决各级各类学校宽带接入问题的同时，基本完成各级各类学校网络条件下的教学环境建设，这主要包括为学校建设能上网的多媒体教室，为教师提供一套基本的软件工具和教学资源，为一定比例的教师配备个人计算机，并对这一类教师开展教学技能培训，使其能够利用数字教育资源进行备课授课。宽带网络校校通建设应该重点关注以下两个方面的问题：一是在学校宽带网络环境建设过程中，应注重发挥市场在资源配置方面的作用，积极发展校企合作、区域合作，从而降低网络环境建设资费。二是宽带网络校校通建设还应注意走出片面关注网络接入带宽的误区。虽然网络接入带宽对于营造学校基本信息化教学环境具有重要作用，但是相对于校内局域网建设、多媒体教室建设等问题来说,网络接入宽带只是最基本的要求。在宽带网络校校通建设过程中,我们还需注重对信息化环境下教师基本教学技能的培训,惟其如此,才能实现工程建设的初衷。

二、优质资源班班通

即在"宽带网络校校通"的基础上,使学校大部分班级能够使用优质数字教育资源开展课堂教学,能够通过使用信息技术手段提高教学质量,促进教育均衡发展。通过构建不同的信息化环境下的课堂教学模式,把信息技术在教学活动、教研活动以及跨校教学中的应用变成一种常规行为。在建设"优质资源班班通"的过程中要注意以下两个方面的问题:

首先,实现"优质资源班班通",重点在于提高优质资源的可获得性,提升教师的资源应用水平和信息化教学能力,将信息化教学活动变成一种常态化行为,而不在于区域、学校花费大笔资金用于购买或开发教学资源,更不能将其简单地理解为给学校所有教室都配齐多媒体教学设备。因此,应充分重视发展以信息化手段为支撑的探究学习、项目驱动学习、协作学习、个性化学习等一系列新型教学模式,重视提升信息技术应用于教育教学的实际效果,注重培养教师信息化教学的意识和习惯,使广大师生不但能够快速适应信息时代的教学理念和模式变革,还能积极主动地投身到新型教学理念与教学模式的探索和创新中。

其次,"优质资源班班通"的核心是推进不同教学模式的应用。通过"专递课堂""名师课堂"和"名校网络课堂"的应用,推进优质资源的共享,将信息化教学活动变为一种常态化行为。一方面,特级教师、教学名师可通过开设网络课堂,开发更多的优质网络教育资源;另一方面,师资力量优越的学校可利用网络课堂的形式,使名校丰富的教育资源得到更多形式、更广范围的扩散。与此同时,农村偏远地区的学校或教学点可采取网上同步上课的方式,与拥有相对丰富教育资源的城市中心学校共享课堂。综上所述,"应用驱动"应该成为"优质资源班班通"建设的关注重点。

三、网络学习空间人人通

即建设网络条件下的教学活动和教学管理平台,形成集网络社交平台、服务平台、资源汇聚平台和管理平台于一体的,实名制、组织化、可控可管的体系,为所有想在网上开展教学活动或教研活动的教师、学生和管理人员提供一个网络平台,逐步形成网络条件下教学活动管理、组织和服务的基本体系,探索适应信息时代学与教需求的信息化学习环境。

网络学习空间不同于一般社交网络的个人空间,它具有鲜明的可管可控特征,强调实名制和安全可靠,是专门服务于教育教学的网上社区。根据用户对象不同,可以将网络学习空间分为组织学习空间和个人学习空间两类:前者是指教育行政部门、学校、班级等拥有的学习空间,它主要服务于教育教学管理、教育公共信息发布等;后者是指校长、教师、学生等拥有的个人学习空间,它主要服务于教育教学活动,为教师、学生提供交流、合作的空间和资源共享的平台。网络学习空间人人通有利于模糊正式学习与非正式学习之间的界线,构建无所不在的泛在学习环境,显著提升优质资源的覆盖面和利用水平,对于教师开展网上协同研修、学生开展在线协作学习、家长开展线上家校交流等都具有良好的支持作用。

案例:武汉市西藏中学——信息化环境下的双轨教学助力民族教育

武汉西藏中学成立于2006年12月,是湖北省唯一、全国首批的内地藏族学校,也是全国最大的地方援建藏族学校。西藏中学开发的双轨教学模式是在双重编码理论、多媒体教学理论的指导下,通过信息化手段将教学内容以抽象和具体的表现手法表现出来,通过双语教学加强西藏学生对抽象概念的理解以及实现各民族文化的交流与学习的一种教学模式。西藏中学信息化环境下的双轨教学具有以下几个特点:

1. 可触屏幕,让学生在交互中掌握知识

学校为每一间教室配备了电子可触演示屏幕,学校民族团结展览馆内,也设有可触式的电子查询屏。实践表明,藏区孩子更习惯于在动态形象、实践操作中掌握抽象知识。电子双板具有左右移动、自由缩放、遮罩聚集等功能,它可以增强同学们的学习兴趣,让学习体验更富个性,使学习者对知识技能掌握得更加扎实。

2. 网络课程,把藏语学习搬到互联网上

学校积极开发网络藏语课程,把藏语学习搬到了互联网上;学校仓央嘉措诗社制作了仓央嘉措主题学习网站;学校教务处还将网易公开课《藏族民间文学与藏族社会》《西藏,天边秘境》等网络藏文化学习资源作为校本选修课程引入到课程体系。除此之外,Flash在线范读,让同学们的藏语发音更标准;丰富的网络课程,让藏文化的传承更加便捷。

3. 电子期刊,让《汉藏一家人》有了更多读者

学校在全国内地西藏班率先创办了双语校刊《汉藏一家人》,受到各级领导的赞许。为了让文章的查阅更方便,保存更长久,学校专门制作了《汉藏一家人》在线电子期刊,把这个双语学习的平台分享给了更多读者,产生了更加广泛深远的社会影响。

4. 云端课堂,为西藏牧区学校同步送课

学校积极参与了国家教育云工程的学习与应用推广。在教育云平台上,设置了教师主页、班级空间、网络教研、在线备课、同步课堂等教学功能模块。为了充分利用学校的优质教育资源与师资力量,学校定期向山南乃东中学等西藏偏远学校传送同步课堂。通过信息技术,让更多的藏区孩子共享到内地教育资源,实现了优质教育资源的效益最大化。

5.5 “两平台”发展的重点

一、建设“两平台”

建设湖北省教育资源公共服务平台。特别是要重点建设面向各级各类教育的多层次、多功能资源公共服务平台,其主要提供的功能包括:教师、学生、机构、学校、家长五大空间功能,资源汇聚功能,资源主动推送功能(包括在线课堂、专递课堂的个性化推送服务),教师培训功能,个性化服务功能(如学生服务、家长服务等),综合评测功能(包含学生成绩测评和教师绩效考评),社会化服务功能等。

建设湖北省教育管理公共服务平台。依托省级教育管理数据中心,建成覆盖基础教育、职业教育、高等教育和继续教育的基础数据库,实现各类教育基础数据库之间、教育系统与其他有关社会公共信息系统之间的数据共享,实现全省各级各类学生、教师、教育机构、学校资产及办学条件等数据100%入库。同时,还要做好学生升级、升学、转学、毕业和教师调动等日常管理工作,并通过系统应用实现数据的动态更新。

二、"两平台"运营和管理机制

在教育资源公共服务平台方面，第一，要变革运营模式，构建"多方参与、公平竞争、交易规范、灵活开放"的教育资源公共服务体系。汇聚各通信运营商宽带网络接入，依托经验丰富、实力雄厚的企业开发资源管理平台，构建成本低、性能稳定可靠的运行体系，为省、市、县、乡、校提供教育教学与管理所需的各种服务，形成资源配置和服务集约化，创建公益性服务和市场化服务互补的服务机制；第二，要创新管理机制，将企业开发的各类教育资源服务平台进行整合，形成统一的教育资源公共服务平台。

在教育管理公共服务平台建设方面，按"两级建设，五级应用"要求，构建与国家对接的升级教育管理信息系统，实现与国家、地方、学校教育管理系统的数据互通，实现学生、教师、管理人员"一人一号"、学校"一校一码"，并保障各类数据的准确性、完整性和安全性。

三、深化和拓展"两平台"的应用与服务

深化教育资源公共服务平台的应用，扩大优质教育资源覆盖面。依托省教育资源公共服务平台构建良好的资源汇聚、整合机制，以教师、学生、机构、学校、家长五大空间为载体，实现资源推送、空间管理、网盘功能、互助功能、关系网络、第三方应用等多种功能和服务，促进师师互动、师生互动、生生互动，提高优质教育资源利用率和覆盖率。

拓展教育管理公共服务平台服务范围，提升教育管理服务水平。省级数字教育资源公共服务平台，要实现与国家公共服务平台的对接，做好国家教育管理信息系统中学生、教师、学校资产及办学条件、教育规划与决策支持、其他业务等五大类共20个管理信息系统的相关工作，实现从学校到县、地市、省和国家的数据交换与共享，完成国家信息系统、升级系统和地方、学校已建系统之间的数据交换，依托信息系统管理软件与工具，保障信息渠道的畅通无阻，提高对各教育环节的管理效率，提升面向大众的教育管理服务的范围和水平。

第6章/附录

6.1 附录一

以信息化推进教育治理现代化①

刘传铁

十八届三中全会提出,“构建利用信息化手段扩大优质教育资源覆盖面的有效机制,逐步缩小区域、城乡、校际差距”,进一步指明了教育信息化的重点任务和发展方向。今年年初,教育部批准湖北省开展教育信息化省级试点,这对我省推进教育信息化是一个难得的机遇。

一、为推进教育治理能力现代化提供有力支撑

教育信息化正在引发一场深刻的教育理念和教育方式变革。信息技术能够提供泛在的学习环境和丰富的学习资源,将对教育观念、教育思想、教育体制、教学方式和人才培养模式带来深刻的变化。我们必须紧跟全球教育信息化的浪潮,推进信息技术与教育教学的深度融合,加快实现从以教为中心向以学为中心转变,从知识传授为主向能力培养为重转变,从课堂学习为主向多种学习方式转变,满足学习者的多样化与个性化需要,使教育更加体现以人为本。

教育信息化为推进教育治理能力现代化提供了有力支撑。大数据、云计算等信息技术能够全面实时采集、分析巨量的教育教学信息,提高教育行政管理效能;能够实现教育信息最大限度的公开透明,促进教育的公平公正;能够实现政府、学校、社会的及时互动,为社会服务、社会监

---

① 刘传铁. 以信息化推进教育治理现代化. 中国教育报[N],2014—4—24.

督提供平台。

二、改变部分边远山区教育面貌

2005年，我省在全国率先实现农村中小学现代远程教育“校校通”，并与农村党员干部现代远程教育、“湖北文化信息资源共享工程”实现资源共享。2010年，建立了省级高等教育资源共享平台，实现了1000多门国家和省级精品课程、实验教学示范中心、特色专业等优质教育教学资源共享。

国家教育信息化发展规划颁布以来，全省社会各界积极参与教育信息化，省内三大电信运营商、软硬件公司等广泛参与基础建设及应用服务。通过与电信运营商合作，武汉等市、县实现了中小学“宽带网络校校通”和“优质资源班班通”。武汉船舶职业技术学院组建有行业协会及企业共同参加的教育资源委员会，引入电信运营商、民生银行等，共同建设船舶类课程虚拟仿真实训项目。

教育信息化正在改变部分边远山区的教育面貌。截至2013年底，全省80%的中小学接入互联网，其中，45%实现了光纤宽带接入。通过实施农村义务教育薄弱学校改造计划等，建设“班班通”教室6万多个，占57%。完成1832个教学点“数字教育资源全覆盖”建设任务，并以多种形式保证教学点开齐开好课。利用湖北教育网台的卫星宽带网、互联网，以及配发资源等方式，推送了涉及义务教育所有学科的国家远程教育教学资源和《空中英语》等地方资源。武汉、咸宁等地通过网络“专递课堂”，组织优秀学校教师与教学点学生互动，提高开课质量。

教育信息化提高了教育行政管理的效率和质量。我省已经基本完成基础教育学生信息库、教师信息库、学校信息库的构建，开发建设了湖北省教育厅政务网站以及行政审批、学生资助、学籍学位管理等网络平台。目前，省教育厅所有行政审批事项都实现了“外网受理、内网办理”，审批时限平均缩短30%，提高了教育行政服务效率和质量。

三、做好顶层设计强化应用驱动

当前，湖北正在进一步扎实推进由教育大省向教育强省迈进，要以教育部赋予我省教育信息化改革试点为契机，进一步明确思路、突出重点、创新机制，不断提高教育信息化水平，努力办好人民满意的教育。

做好顶层设计。大力推进教育信息化环境建设、应用驱动和机制创新三位一体协调发展,力争实现“四个新突破”,即教育信息化基础设施建设新突破、优质数字教育资源共建共享新突破、信息技术与教育教学深度融合新突破、教育信息化科学发展机制新突破。

明确责任主体。强化各级政府推进教育信息化的主体责任,推动各级政府将教育信息化纳入信息化总体发展规划,将教育信息化经费列入财政预算。将教育信息化发展纳入地方信息化发展的总体规划,分级负责,分类实施,实行目标管理,加强督促检查。

强化应用驱动。在基础教育领域,支持部分市、县、校先行先试,探索优质资源共建共享机制,通过“专递课堂”“名师课堂”等形式,保证教学点开齐国家规定课程。在职业教育领域,采取政府投入、校企共建共管的合作模式,重点建设一批虚拟仿真实训中心,提高学生实践创新能力。在高等教育领域,要通过政策引导,支持高校开发在线开放课程(MOOC),2014年,各省属高校省级协同创新中心至少要开发一门优质在线课程并向省内高校开放共享。启动湖北教师教育网络联盟建设,实现联盟学校学生跨校网上选课和学分互认。

创新体制机制。建立政府领导下跨部门的全省教育信息化工作协调机制,形成相关部门通力协作、共同推进教育信息化的良好局面。建立教育信息化经费投入保障机制,统筹考虑运维经费,改善贫困地区义务教育薄弱学校基本办学条件资金重点考虑教育信息化建设与应用的需求。制定政策措施,鼓励企业投入教育信息化,合作发展、合作共赢。通过体制机制创新,努力实现我省教育信息化建设与应用的可持续发展。

6.2 附录二

《湖北省教育信息化发展规划(2014—2020年)》对国家和省级重要文件的落实与扩展

《湖北省教育信息化发展规划(2014—2020年)》一方面要落实国家关于教育信息化发展的总体要求,另一方面要回应湖北教育事业发展的现实需求。因此,国家和省级重要文件既对《湖北省教育信息化发展规划(2014—2020年)》的发展目标、发展任务、重大工程的决策提供依据,又对规划的制定提出了要求。本次规划制定参考并落实的重要文件主要有:《中共中央关于全面深化改革若干重大问题的决定》(以下简称《决定》)、《国家中长期教育改革和发展规划纲要(2010—2020年)》(以下简称《纲要》)、《教育信息化十年发展规划(2011—2020年)》(以下简称《十年规划》)、《湖北省中长期教育改革和发展规划纲要(2011—2020年)》(以下简称《湖北省纲要》)、《教育部教育信息化"三通工程"年度任务指标(指导性)》。

一、《中共中央关于全面深化改革若干重大问题的决定》

全文贯彻《决定》关于"利用信息化手段扩大优质教育资源覆盖"的基本精神,并在第5章、第6章、第7章、第10章中,根据我省实际情况分别落实细化了《决定》关于创新职业学校产教合作与校企合作、高校人才培养机制、学分转换与畅通终身学习通道、考试招生制度改革、教育评估监测等要求。

二、《国家中长期教育改革和发展规划纲要(2010—2020年)》

《纲要》中关于"加快教育信息基础设施建设"的要求在第9章义务教育校校通、班班通工程中得到落实和扩展。《纲要》第19章"强化信息技术应用。提高教师应用信息技术水平,更新教学观念,改进教学方法,提高教学效果"的要求在第10章、第14章以及第15章得到落实和深化。

三、《湖北省中长期教育改革和发展规划纲要(2011—2020年)》

《湖北省纲要》在第13章加快教育信息化进程中提出,实现全省中小学“班班通”。重点加强农村学校信息基础建设,开发特色教育资源,推进信息化应用,构建教育管理信息系统。本规划第9章、第10章、第11章、第12章对《湖北省纲要》上述相关内容的实现提出了具体目标和实施措施。

四、《教育部教育信息化“三通工程”年度任务指标(指导性)》

《教育部教育信息化“三通工程”年度任务指标(指导性)》对全国32个省区提出了年度任务指标,湖北省宽带网络校校通需达到的比例,2014年为85%,2015年为100%。优质资源班班通的完成比例,2014年为80%,2015年为90%。据此,本规划在第9章义务教育校校通、班班通工程及第12章教育资源公共服务平台建设工程中指出,到2015年,城区义务教育阶段学校接入带宽不低于100Mbps,县镇学校不低于20Mbps,农村学校、教学点不低于10Mbps;到2015年,教师信息化教学终端普及率达到50%以上,学生信息化学校终端普及率达15%以上,基本实现义务教育阶段学校、教学点所有自然班普及多媒体教室等信息化教学环境。明确要求通过推行“一师一优课、一课一名师、一校一门课”等措施,将信息技术课堂教学变成教师课堂教学活动的常态,体现出既重视学校信息化基本条件建设,也注重信息技术教学应用能力提升的发展思路。

6.3 附录三

湖北省教育信息化发展规划
(2014—2020 年)

二〇一四年八月

目 录

第四部分　保障机制

第16章　强化组织管理

第17章　落实经费投入

第18章　动态考核评估

第19章　加强服务保障

第20章　开展多方合作

第一部分　总体战略

为贯彻党的十八大和十八届三中全会精神，加快湖北教育信息化进程，推进教育现代化，根据《国家中长期教育改革和发展规划纲要（2010—2020 年）》、《教育信息化十年发展规划（2011—2020 年）》及《湖北省中长期教育改革和发展规划纲要（2011—2020 年）》的有关要求，结合我省实际，制定本规划。

第 1 章　现状与挑战

信息技术对教育发展具有革命性影响，以教育信息化带动教育现代化，是我国教育改革和发展的战略选择。教育部《教育信息化十年发展规划（2011—2020 年）》明确提出："用十年左右的时间初步建成具有中国特色的教育信息化体系，使我国教育信息化整体上接近国际先进水平，推进教育事业的科学发展。"

发展教育信息化将极大推动我省经济发展方式的转变和经济结构的转型升级。国务院 2013 年发布的《"宽带中国"战略及实施方案》明确提出将教育领域列为深化宽带网络应用、促进信息消费发展的重点方向。湖北省作为正处在改革发展关键期的中部大省，提高教育信息消费水平、形成成熟的数字教育服务产业，对于构建促进中部崛起战略支点、推进"两圈一带"总体战略、建设东湖国家自主创新示范区、促进我省经济发展和社会全面进步具有重要意义。

湖北历来十分重视利用信息技术促进教育公平，提高教育质量，培养创新人才，带动产业发展。经过十余年的发展，已经具备了一定基础，并于 2014 年 1 月获批在全国率先开展教育信息化省级试点。目前，湖北省教育信息基础设施得到较大改善，优质数字教育资源不断丰富，信息技术教学应用不断深入，教育管理信息化水平明显提高，数字教育服务产业逐步壮大。全省中小学已有 5.7 万个多媒体教室建成并投入使用，5000 多所中小学已经接入互联网，教师信息化教学终端设备配置率约为 39%，覆盖全省的教师、学生、学校三大基础信息数据库初步建成。

然而也应该看到，作为教育信息化试点省份，我省教育信息基础设施依然相对薄弱,全省仍有约40%的中小学尚未接入互联网,学生信息化学习终端设备配置率不到10%,利用信息技术扩大优质教育资源覆盖面的有效机制尚不完善,区域、城乡、校际之间发展水平差距较大,教育信息化管理体制机制尚未理顺,教育信息化总体发展水平相对较低,还不能满足湖北教育现代化建设需求,对产业的拉动效应尚未充分显现。

利用信息技术促进教育公平,提高教育质量,转变教育发展方式和学校发展模式,是建设教育强省、实现湖北教育现代化的必由之路。以教育信息化带动数字教育服务产业发展,对促进我省经济转型、建设创新型省份也具有十分重要的意义。

第2章　指导思想和工作方针

指导思想

坚持育人为本,立足湖北省情,以环境建设为基础,以教育教学应用为核心,坚持应用驱动和机制创新,加快推进教育信息化,促进教育公平,提高教育质量,带动教育现代化,服务经济社会发展。

工作方针

把握方向,遵循规律。服务教育强省和"创新湖北"建设,遵循教育发展规律和教育信息化建设规律,紧密结合我省实际,科学推进各项工作,确保教育信息化发展的针对性、有效性和可持续性。

分类推进,特色引领。统筹做好教育信息化的整体规划和顶层设计,根据各类教育的不同特点和各级机构的不同权责,分类部署推进,坚持典型引路,形成具有湖北特色的教育信息化发展模式。

应用驱动,机制创新。以深化信息技术应用为核心,促进信息技术与教育教学深度融合,推动信息化环境下的教学理念、教学方式、学习方式及教育管理方式转变,形成教育信息化建设与发展新机制。

第3章　发展目标

总体目标

到2020年,使湖北教育信息化整体发展水平进入全国前列。形成满足教学与管理需要的信息化基础环境，促进信息技术与教育教学全面深度融合，实现教育信息化的可持续发展，服务湖北教育现代化和学习型社会建设，带动数字教育服务产业发展。使每个教师都能自如运用信息技术给学生上好课，使每个学生都能随时随地获取优质数字化学习资源，健康快乐成长。

具体目标

教育信息基础设施普及完善。在全省各级各类学校和教育行政机构普及高速互联的基础网络和信息化终端设施，全面建成信息化教学环境，完成“宽带网络校校通”建设任务。

优质数字教育资源共建共享。为各级各类学校提供能得易得、适用好用、内容丰富、特色鲜明的数字教育资源。建好省级数字教育资源服务平台，形成多方参与、共建共享的优质资源研发、汇聚、应用和管理机制，提升资源规模、质量和应用水平。

教育管理信息化水平显著提升。建立省级教育管理公共服务平台和数据中心，创新管理模式，重构业务流程，提高管理效能和服务水平，促进职能转变。推动各级各类学校管理信息系统的建设与应用，服务教师、学生、家长和社会公众。促进教育治理体系和治理能力现代化。

信息技术与教育教学深度融合。以广泛应用为前提，以深度融合为核心，以教师信息技术应用能力提升为突破口，有序推进信息技术与教育教学的融合，建成一批教育信息化试点区、试点校，形成丰富多样、扎实有效的信息化教学应用模式。

可持续发展保障体系基本形成。开展多方合作，从组织管理、经费投入、技术研发、队伍建设等多个环节保障我省教育信息化持续、快速发展，形成社会参与，政、产、学、研、用多方协同的教育信息化可持续发展保障体系。

阶段目标

表 1　湖北省教育信息化阶段性发展目标

	2015 年	2017 年	2020 年
基础设施	1. 城区义务教育阶段学校网络带宽不低于 100Mbps,县镇中小学不低于 20Mbps,农村学校、教学点不低于 10Mbps。 2. 中小学教师信息化教学终端普及率达 50%以上,学生信息化学习终端普及率达 15%以上。 3. 义务教育阶段学校、教学点所有自然班普及多媒体教室等信息化教学环境。	1. 城区义务教育阶段学校网络带宽不低于 100Mbps,并基本普及校内无线网;县镇学校网络带宽不低于 50Mbps,农村学校、教学点不低于 20Mbps。 2. 教师信息化教学终端普及率达 80%以上,学生信息化学习终端普及率达 30%以上。	1. 省内中小学和职业学校普及数字校园。高校宽带网络接入水平为每万名师生共享带宽不低于 2Gbps。各级各类学校全面实现校内无线宽带网全覆盖。 2. 师生信息化终端设备全面普及。
资源与应用	1. 基本完成省级教育资源公共服务平台建设,具备支持 50 万用户同时在线的服务能力。 2. 网络学习空间学校开通率达 100%,教师注册率达 70%。 3. 基本建成与中小学课程配套的优质数字教育资源库。 4. 建设 10 个职业教育仿真实训中心。 5. 建成湖北教师教育网络联盟。	1. 完善与升级教育资源公共服务平台,拓展服务范围。 2. 网络学习空间初中以上学校教师、学生注册率达 100%。 3. 扩大和升级中小学课程配套的优质数字教育资源库。 4. 建设约 30 个职业教育仿真实训中心。 5. 湖北教师教育网络联盟全面覆盖省内师范院校。	1. 信息化条件下教学模式创新普遍开展,人才培养模式全面变革,教学质量显著提升。 2. 优质资源全面覆盖省内各级各类学校,并面向社会开放共享。 3. 建设 60 个职业教育仿真实训中心。
管理信息化	1. 完成省级教育管理数据中心建设,建成覆盖学生信息、教师信息、办学条件信息的基础数据库。 2. 基本完成省级教育管理公共服务平台建设。	完善教育管理基础数据库和公共服务平台,逐步扩大网上办理业务范围。	实现教育行政机构和学校管理部门无纸化办公。学校管理信息化水平显著提升。
保障体系	1. 全省各级教育行政机构建立健全教育信息化专门工作机构,明确主管领导,落实经费投入。 2. 组织实施中小学教师信息技术应用能力提升培训,覆盖 50%以上教师。 3. 初步建成教育信息化研究和运维支持服务体系。 4. 初步形成教育信息化考核评估激励机制。	1. 持续开展中小学教师信息技术应用能力全员提升培训,完成首轮培训,每人不少于 50 学时。 2. 持续开展教育行政管理人员和学校领导的信息化领导力与执行力培训。 3. 完善研究和运维支持服务体系。 4. 完善考核评估激励机制。	1. 健全教育信息化管理机构,完善信息化管理体制。 2. 建成国内一流的研究和运维支持服务体系。 3. 形成完善的考核评估激励机制。

第二部分　发展任务

第4章　基础教育信息化

提升基础教育阶段学校信息基础设施配备水平。逐步缩小区域、城乡、校际间的数字鸿沟。重点支持农村及边远贫困地区学校、教学点、乡镇幼儿园的信息化建设，做到硬件设备先到位，优质资源先输送。加强特殊教育学校、民族地区中小学的信息化基础能力建设。为教学点开齐开好规定课程提供技术保障。到2020年，全省中小学和幼儿园全面建成信息化教学环境，教师信息化教学终端和学生信息化学习终端全面普及，宽带网络全面通达各级各类学校。

加快优质数字教育资源共建共享。建设湖北省教育资源公共服务平台，以政府为主导建设学前教育、义务教育、高中教育、特殊教育等各类教育的公益性资源，以市场为依托提供个性化资源。通过“区域结对、学校结群、教师合作”的方式，推动资源开发主体多元化，形成有效的优质资源共建机制；通过“政府评估准入、企业竞争提供、学校自主购买”的方式，拓展资源应用主体的选择空间，形成有效的优质资源共享机制。到2020年，优质资源全面覆盖省内基础教育阶段学校，形成具有湖北特色的基础教育资源共建共享模式。

提高教学信息化应用水平。聚焦课堂教学主阵地，以信息化为支撑创新课堂教学环境，促进信息技术与学科教学深度有效融合，形成和推广新型教学模式，推动教与学方式的深层变革。普及网络学习空间，建设泛在学习环境，培养学生信息时代的学习能力、实践能力和创新能力。提升教师信息化教学能力，开展信息化环境下的校本研修和协同教研，鼓励教师探索新型教学模式。

创新信息化环境下的评价机制。以信息化为依托，建立湖北省基础教育发展监测体系，保障我省基础教育健康、快速发展。完善中小学信息化教学质量综合评价体系，保障信息化教学的有效性和持续性。以信息化手段创新教学评价机制，探索中考、高考等考试评价体系和制度变革的可行途径。

推进基础教育信息化规范发展。制定基础教育数字校园、数字化教室规范,指导学校信息化环境建设。制定优质数字教育资源规范,开展资源评审和认证,形成资源准入、遴选、交换、退出机制。

第5章　职业教育信息化

加强职业学校信息化基础能力建设。建立厅际协调机制,加强分类指导,全面提升高职院校网络基础设施、信息管理平台与应用服务系统建设水平,普及中职学校校园网建设,提升数字校园建设水平。完善以信息化为支撑的人才预测、就业预警和专业调整机制,建设职业教育综合管理信息系统;以学业考试和质量评价为重点,完善职业学校抽考制度,建设职业教育教学过程管理系统;建立学生职业信息技术能力认证机制。到2020年,省内所有职业学校全面建成数字校园,为教师和学生配备满足课堂教学、技能培训所需的计算机及配套设备设施,建设各级职业学校信息化学习支持环境和管理平台。

加快职业教育数字资源建设。以支撑高素质、技能型人才培养为目标,建设有湖北特色的职业教育资源库,建设一批省级职业教育优质资源共享课、精品视频公开课。加强实践教学环节,创新仿真实训资源应用模式,开发一批仿真实训系统,建设一批适应省内支柱产业发展需要的职业学校仿真实训中心。

加快信息化环境下的"双师型"教师队伍建设。建立和完善职业教育教师技能标准,推动远程培训、考核和认证一体化的职业教育教师信息化教学能力建设,提高持有专业技术资格证书和职业资格证书教师的比例。通过远程培训、网络研修、工教结合、顶岗实习、校企合作等方式,鼓励教师开展信息化环境下实习实训教学模式、方法和手段的创新,促进信息技术与专业课程的深度融合,提高信息技术在职业教育教学中的应用水平。

第6章　高等教育信息化

完善高校信息化基础环境。实现校园内无线宽带网络全覆盖,普通教室设备配置能够满足信息化环境下互动教学需要。建设完善的信息发布、网络教学、知识共享、管理服务和校园文化生活服务等数字化平台,全面提升教学、科研、管理、社会服务等方面的信息化应用水平。到2020年,省内高校宽带网络接入水平达到每万名师生共享带宽不低于2Gbps。

深入推进信息技术在教育教学中的应用。开发面向不同学科的数字教学资源,探索和推进大规模在线开放课程的建设与应用,实现高校公共基础课、部分专业课优质资源的大范围共享,推进现有高校精品课程的转型升级和在线开放共享。引导学生利用信息技术开展自主学习、合作学习与混合式学习,提高信息化环境下的学习能力。开展高校教师信息技术应用能力培训,将信息技术应用能力纳入教师考核评聘体系。积极开展信息化教学实践,探索信息化环境下以学生为中心的教学方法和学习支持服务方式,创新高校人才培养模式。建立湖北省教师教育网络联盟,面向省内师范院校和承担教师培训任务的高校、中小学校,共建共享教师教育优质课程资源、教学团队和实践实训基地。依托现代信息技术,构建职前和职后教育一体、学历和非学历教育融通的教师教育终身学习和培训体系。

利用信息技术推动高校治理体系现代化。建立健全以信息主管(CIO)为核心的高校信息化建设与治理体制机制。推进高校智慧校园信息化服务体系建设,全面覆盖财务管理、人事管理、学生管理、教学管理、图书管理、资产管理、校友管理等校园主要业务治理领域,促进学校构建信息化环境下的现代治理体系。

利用信息技术提升高校创新服务能力。以信息化为支撑,推进大型科研仪器设备共享,实现高校数字图书馆资源互联互通,支持跨学科、跨领域的科研团队协同工作,促进科研数据实时共享与科研成果及时转化。推进湖北省高校数字图书馆建设,与湖北省高等学校教育教学公共平台建设有机结合,为社会公众提供更高质量的开放学习资源服务。建设高校数字博物馆,积极传播具有湖北特色的地域文化。利用信息技术推进产、学、研、用结合。各高校省级协同创新中心至少开发一门优质在线课程并面向省内高校开放共享。

第7章 继续教育信息化

建立健全终身教育公共服务体系。以终身学习需求为导向,搭建融合各类学科教学资源、满足不同类型学习者需求的在线公共学习平台。大力发展现代远程教育,努力实现全省各地区、各学校之间继续教育学习平台与业务系统的互联互通和数据共享,建成能够提供全方位服务、满足终身学习需求的继续教育支持体系。积聚与整合社会公共教育资源,创新人才培养模式,支持学习型社区建设,大力发展面向职业、面向个人兴趣、面向家庭的在线教育,助力我省学习型社会与终身教育体系建设。

构建继续教育学习资源共建共享机制。充分利用社会优质资源,加快建设省级网络教育视频公开课、网络教育资源共享课,以及以微课程为代表的特色学习资源。鼓励各级各类教育机构、企业参与继续教育资源建设,促进社会教育信息资源的有效整合。建设继续教育学分银行,以省内高校和社区学习中心为依托建立继续教育学分银行网点,推动继续教育学习成果认定、学分累积与转换,为实现学历教育与非学历教育学分互认提供技术支撑。

第8章　教育管理信息化

提高教育行政机构管理信息化水平。积极推进教育政务信息化,建设省级教育管理基础数据库和公共服务平台,向学生、教师、学校和社会公众提供服务,逐步扩大网上办理业务范围。通过教育管理业务流程的再造和优化,提升教育监管与服务水平,促进教育管理现代化、决策科学化、服务网络化。到2020年,基本实现教育行政机构和学校管理部门无纸化办公,形成以信息化为支撑的扁平式、动态化、社会有效参与的教育管理模式。

加强学校管理信息化能力建设。加快推进各级各类学校建立以学籍管理、师资管理、资产管理为核心的校务信息系统,实现学校、教育行政机构管理信息系统的互联互通。到2020年,各级各类学校全面普及数字校园,学校管理信息化水平显著提升。

提升信息化领导力与执行力。强化教育行政管理人员和学校领导者的信息化建设与应用意识,联合高校、研究机构和优秀企业,开展领导力与执行力培训。建立健全从各级教育行政机构到学校的信息化管理与服务队伍,明确各级单位和人员责任。到2020年,形成适应我省教育现代化建设要求、信息素养高、信息化领导力和执行力强的管理与服务队伍。

保障校园信息安全。制定和实施校园网络与信息安全建设管理规范,建立全方位安全保障体系,确保教育管理、教学和服务等信息系统安全。加强网络有害行为防范能力和不良信息监管力度，防止暴力色情等有害信息对校园文化的侵害。

第三部分　重大工程

第9章　义务教育校校通、班班通建设工程

实现宽带网络的全面覆盖。构建“政府引导、企业建设、学校使用”的宽带网络接入机制。依托公共通信资源，加快推进光纤入校，实现宽带网络对义务教育阶段各级各类学校、教学点的全面覆盖，并同步构建绿色安全的网络监管体系。到2015年，城区义务教育阶段学校接入带宽不低于100Mbps，县镇学校不低于20Mbps，农村学校、教学点不低于10Mbps。

完成网络条件下的基本教学环境建设。加快推进校内网络基础设施建设，实现校内网络通过有线或无线方式覆盖所有教室、办公室等场所。为乡镇以下农村学校及教学点配备多媒体设备，到2015年，教师信息化教学终端普及率达50%以上，学生信息化学习终端普及率达15%以上，基本实现义务教育阶段学校、教学点所有自然班普及多媒体教室等信息化教学环境。

实现优质资源“班班通”。与基础设施建设相同步，为学校配置一定的教学资源和工具软件，实现班级使用优质资源开展课堂教学，教师具备基本信息化教学能力。探索信息化条件下教学模式创新，开展“专递课堂”“名师课堂”和“名校网络课堂”的建设与应用，利用优质资源促进教学、教研及跨校交流应用常态化。

第10章　中小学信息化应用能力提升工程

探索教学点“数字教育资源全覆盖”应用模式。采取“多点支撑、资源共享”的模式，以中心学校带动教学点，通过灵活多样的课堂结对形式，提升教学点资源应用水平。发挥中心学校师资优势，建立教学点教师课堂教学培训和网络同步研训制度，实现对教学点教师信息技术应用能力的有效指导。创新教学点管理体制和激励机制，完善教学点信息化持续发展支撑服务体系，形成教、研、训一体化的协作交流机制。

到2015年,实现省内所有农村教学点"优质数字教育资源全覆盖",开齐开好规定课程。

建设基础教育信息化试点区、校。建立湖北省基础教育信息化试点区、校遴选机制。创新信息技术在教学、德育、管理等方面的应用,培养一批骨干学校、骨干教师,开发一批骨干课程,形成具有湖北特色的教育信息化区域发展模式。到2015年,在全省范围内选择不同经济和教育发展水平的区域,建设一批基础教育信息化试点区、校。

开展信息化环境下的教与学创新实践。以试点区、校的名校和名师为主力,组织开发高质量的数字化教学资源,组建跨区域的基础教育资源共建共享联盟。鼓励教师利用信息技术开展启发式、探究式、讨论式、参与式教学,探索建立以学习者为中心的教学模式。鼓励学生利用信息技术工具与专用学科工具开展自主学习、合作学习。在有条件的地区和学校,依托省级教育资源公共服务平台开展高效互动课堂教学实践。形成一批具有鲜明地域特色、与学科紧密结合、具有较大推广价值的信息化教与学新模式。

利用信息技术促进招生考试制度改革。构建以学生品质素养、学业成就、身心健康等为主要内容的学生成长电子档案。利用信息技术,促进初、高中学业水平考试与综合素质评价结合,探索多样化考试方式和多元化评价方式,逐步改变一考定终身的招生考试制度,以评价改革带动教育变革,深化素质教育。

实施基础教育信息化应用绩效评估。建立基础教育信息化应用评估指标体系和发展监测体系,形成省、市、县三级联动的教育质量监测管理机制。汇集区域和学校的教育信息化与教育教学活动数据,开展基于大数据的学校教育质量评价、教师专业发展评价、学生学业成就评价、课程质量评价以及区、校教育信息化应用水平评估。

第11章　教育管理公共服务平台建设工程

建立省级教育管理数据中心。完善以学生库、教师库及学校库为核心的湖北教育管理基础数据库。制定数据采集、交换、共享技术规范,建立统一的基础数据交换体系,实现与国家、地方、学校各类教育管理系统的数据互通,推动省级教育管理信息数据与人口基础数据库及地理信息数据库的融合。到2015年,基本完成湖北省教育管理数据中心建设，建成覆盖基础教育、职业教育、高等教育和继续教育的基础数据库，实现对全省学生电子档案、教师职业发展电子档案及学校办学条件基础数据的汇聚和管理。

建设湖北省教育管理公共服务平台。遵循国家教育管理信息化标准，面向全省各级教育行政机构和各级各类学校，建设教育管理公共服务平台，覆盖教育行政管理与服务主要业务环节，为教育信息公开、网上办事和公众互动提供支持。完善网络信息安全与运维体系，确保数据安全。到 2015 年，全面完成平台建设，实现与国家平台的有效对接。

提升教育管理水平和公共服务能力。以教育管理公共服务平台为依托，优化、重构教育管理业务流程，为破解基础教育乱收费、乱招生、乱办班、乱发教辅资料、课程开设不齐、学业负担过重等重点难点问题提供支撑，形成以信息技术为支撑的规范办学行为动态考评制度和责任追究制度。全面普及校园一卡通，积极拓展一卡通的校外应用渠道。开展初、高中学业水平考试和综合素质评价，依托基础数据库和公共服务平台，开展综合质量评价，为教育行政机构和学校提供管理基础数据和决策支持。到 2015 年，逐步建立全省一体化、区域特色化的服务体系。

第 12 章　教育资源公共服务平台建设工程

建设湖北省教育资源公共服务平台。针对学前教育、义务教育、高中教育、职业教育、高等教育的不同需求，建设重点面向基础教育和职业教育的多层次、多功能资源公共服务平台。按照政府购买公益服务与市场提供个性化服务相结合的思路，构建“政府引导、企业建设、学校应用、共建共享”的公共服务机制，形成多方参与、公平竞争、交易规范、灵活开放的教育资源公共服务体系。到 2015 年，基本完成平台建设，具备支持 50 万用户同时在线的服务能力。

形成数字资源研发、汇聚和管理机制。鼓励教育出版集团与大、中、小学密切合作，出版形式多样的电子教材和辅助性学习资源。鼓励师生自主开发特色资源。建立“政府引导、多方投入、有效整合、持续发展”的资源汇聚机制。对数字教育资源进行有效管理，制定相应的技术与管理规范，建立教育资源审核、评估、淘汰机制，对优质教育资源的供给方进行激励。到 2015 年，基本建成与中小学课程配套的优质数字教育资源库。

实现网络学习空间全面普及和应用。向中小学校推送优质教育资源，支持师生以网络学习空间为载体开展基于优质资源的教与学。以资源公共服务平台为依托，解决农村学校音、体、美等课程开课难的问题。面向各级各类用户开辟虚拟空间，提供教学、培训、学习、研究、社交、管理等应用服务。到2015年底，基本实现教师空间和学校空间全面普及开通，深化以网络学习空间为核心的教与学应用。

第13章　职业教育信息化实训平台建设工程

开发职业教育仿真实训软件。按照“统筹规划、校企共建、资源共享、持续开放”的原则，鼓励企业力量积极投入，突出职业教育教学过程的实践性、开放性和职业性特点，结合工作岗位和职业能力需求，开发与专业课程教学内容紧密结合的仿真实训教学系统，推动职业教育实践教学由传统的校内外基地实训模式向校内外基地实训与仿真实训相结合的模式转变。

创新职业教育仿真实训平台建设与运行机制。采取重点职业院校和软件企业合作、共同投资开发的模式，充分整合各方优质资源。通过原创开发或二次开发，建设以仿真实训室、数字化技能培训室、产品设计室等为代表的仿真实训中心。政府通过投入引导资金、购买软件成果、提供政策支持等多种方式推动仿真实训平台在职业院校中大规模应用，实现资源共享，并积极探索可持续发展的职业教育资源共建共享长效机制。

建设高素质的仿真实践教学教师队伍。探索仿真实训环境下教师队伍的建设机制，构建“双师型”教师评价考核体系，充分提升职业学校教师信息技术应用能力。建设职业教育教师远程培训中心，引入行业、企业职业技能培训资源，提高职业学校教师在实践教学模式、教学内容、教学方法和手段等方面改革与创新的能力。

加强仿真实训系统管理。面向职业学校实践教学需求，建设仿真实训管理系统，构建管理平台建设规范和运行机制。积极深化仿真实训系统应用，努力形成集教学、培训、教研、职业技能鉴定考核、软件设计开发和技术服务于一体的仿真实训体系。到2015年，面向省内对职校高素质技能型人才培养有急迫需求的先进制造、交通运输与物流、旅游、会计等行业，优先建设约10个仿真实训中心；到2020年，建设规模扩大至60个以上。

第14章　湖北教师教育网络联盟建设工程

开发湖北教师教育网络联盟信息化支持系统。针对省内师范院校依托网络开展联合办学的实际需求，利用信息化手段，提供优质资源共享、在线选课、学习评价、学分银行、个人空间等服务，促进省内师范院校在师范专业建设、教育教学与管理、师范生培养等方面开展全面深入合作。到2015年，建成湖北教师教育网络联盟信息化支持系统并实现正常运行。

建立湖北教师教育网络联盟。以湖北省高等学校教师教育联盟为基础，以华中师范大学为龙头，面向省内师范院校建设湖北教师教育网络联盟，促进湖北教师教育水平整体提升。以师范类本科人才联合培养为主要目标，兼顾在职教师进修需求，探索联盟学校学生跨校网上选课学习和学分互认的可行途径，创新教师教育模式。建立课程遴选机制，联合开发、共享优质教师教育在线课程和培训教材，提高校际合作水平，创新教师教育发展体制机制。制定网络学习评价标准，建立课程服务团队，开展在线学习评价，实现学生网络学习的个别化指导，促进学生全面发展。到2015年，全面建成湖北教师教育网络联盟，实现联盟学校学生跨校网上选课和学分互认。

第15章　教师信息技术应用能力提升工程

制定教师能力规范。根据教育部对教师信息技术应用能力的有关要求，结合湖北省教师队伍信息技术能力发展需要，研究制定涵盖基础教育、职业教育和高等教育的教师信息技术应用能力规范，提升教师将信息技术融入教育教学的能力，引领教师专业发展。

开展教师信息技术应用能力培训。整合各类培训项目和资源，建设教师选学服务平台。组织实施全省中小学教师信息技术应用能力全员提升培训，2015年，覆盖50%以上教师，到2017年，完成首轮培训。完善专项培训体系，重点加强中小学校长、专兼职培训人员和教研员等骨干队伍及农村教师的培训。市州及区县教育行政机构通过专项培训和专题教研，组织开展区域性教师全员培训。中小学校将信息技术应用能力培训作为教师校本研修的重要内容，积极推动网络研修与校本研修整合培训,以研训结合的方式促进学用结合。加强薄弱环节,采取“送教下乡”和“送培上门”等方式,为包括教学点在内的农村学校教师提供针对性培训。全省中小学教师信息技术应用能力培训纳入教师继续教育的必修内容,每人每五年不少于50学时。

形成不断提高教师信息技术应用能力的机制。制定教师信息技术应用培训纲要和培训规划,探索建立网络培训与现场培训相结合的培训制度,探索个性化学习环境中教师的角色定位、能力要求和培训模式,着力提升教师将信息技术与教育教学深度融合的能力,着力提升教育管理人员将信息技术与教育管理深度融合的能力。探索建立教师应用信息技术激励机制,将信息技术应用能力作为教师资格认定、职称评聘和考核奖励的重要条件,列入办学水平评估的指标体系。整合教师培训、教研、电教和科研等机构的力量,加强对中小学校的指导,做好全员培训。通过示范课评选、教学技能竞赛和优秀课例征集等活动,发掘推广典型案例,促进教师在教育教学中主动应用信息技术,将信息技术融入课堂,推动信息技术教学应用常态化。

第四部分　保障机制

第16章　强化组织管理

加强组织领导。在省政府的领导下,建立省级教育信息化统筹协调机制,设立湖北省教育信息化专家咨询委员会。在省、市、县三级教育行政机构建立教育信息化专门工作机构,构建教育信息化管理体系,加强教育信息化工作的组织与管理。

明确责任主体。各级政府是教育信息化的责任主体,各级教育行政机构和各类学校是实施主体,校长是学校教育信息化工作的第一责任人。各级各类学校设立信息化主管,普通高校和具备一定规模的中小学、职业学校设立信息化管理与服务机构。

强化统筹推进。形成省级统筹、上下联动、以县为主、多方协同的工作推进机制。将教育信息化发展纳入地方信息化发展总体规划。按照分级负责、分类实施的原则,明确工作机构,施行目标管理,细化分解任务,提出进度要求,加强督促检查,全程跟踪问效，及时解决问题，确保教育信息化工作取得实效。

第17章　落实经费投入

落实政府经费投入。省、市、县各级政府将教育信息化重点工作列入财政预算，形成长效机制。提高公用经费中用于信息化建设的比例，学校公用经费新增部分主要用于信息化建设，教师培训经费优先用于教师信息技术应用能力提升。

拓宽经费筹措渠道。坚持市场导向，鼓励企业和社会力量投资、参与教育信息化建设与服务。鼓励学校自筹资金加强信息化建设，形成多渠道筹措教育信息化经费的投入保障机制。

加强经费开支监管。注重教育信息化经费开支结构的科学性，实施教育信息化经费投入绩效评估，加强对教育信息化专项经费的使用监管，做到预算编制有目标，预算执行有监控，执行完毕有评价，评价结果有应用，切实提高资金的使用效益。

第18章　动态考核评估

建立评价指标体系。制定湖北省教育信息化评估的实施细则，定期对教育信息基础设施、数字教育资源建设、信息技术教育应用、教育信息化人才队伍建设等进行评估。

建立督导考核制度。将教育信息化工作纳入各级教育行政机构、各类学校的工作规划和督导考核指标，采取专家评估、网络评估和第三方评估等方式，做好教育信息化各项评估考核工作，落实各项发展任务和建设目标。

完善激励机制。出台相关优惠政策，鼓励企业积极参与教育信息化建设。定期开展教育信息化工作总结，评选教育信息化应用创新优秀案例、先进单位和个人，激励各级教育行政机构、各类学校和广大师生积极开展应用探索，形成良性循环。

第19章　加强服务保障

加强专业人员队伍建设。将各级教育行政机构和各类学校教育信息化专业人员纳入编制规划，明确各单位教育信息化专兼职队伍的配备标准、岗位设定和专业技术职称序列，增加信息技术教师以及教育信息化专业服务人员的编制。

构建支持服务体系。整合高校、科研机构和企业的力量,以国家数字化学习工程技术研究中心等省内高水平科研机构为依托,建立教育信息化研究支持体系。积极引导社会力量参与教育信息化建设,引入市场机制,采取服务外包等方式,鼓励企业为学校提供信息化服务,形成政府引导、企业参与,省、市、县、乡、校五级联动的运行维护支持服务体系。

开展信息化人才培训。建立多层次、多形式、重实效的信息化人才培训制度,由省、市、县三级教育行政机构制定本地区教师信息技术应用能力培训方案和中长期规划,建立科学、合理的培训体系,保证教育信息化专业技术人员的岗位培训力度。

第20章　开展多方合作

开展国际交流与合作。建设信息技术与教育融合的国际合作研究机构,引入国际先进经验,探索成功应用模式。建立教育信息化专业人才国际联合培养制度,加强人员交流与知识共享。

探索区域、校际合作。探索各市、州教育信息化发展合作机制,促进交流,推动各区域教育信息化联合发展与特色发展。推动校际合作,形成以点带面机制,全面提升学校信息化建设和应用水平。

注重企业合作和产业培育。加大教育信息化宣传力度,构建良好的政策环境,鼓励企业参与教育信息化建设。以多种调控手段和扶持政策,培育数字教育服务产业,形成良性竞争的产业发展环境。

6.4 附录四

湖北“国家教育信息化试点省”建设实施方案

根据教育部文件要求，结合湖北实际，现就湖北“国家教育信息化试点省”建设制定如下实施方案。

一、试点目标

利用信息技术扩大优质教育资源覆盖面，促进教育公平，提高教育质量，推动教育现代化，拉动信息消费，服务湖北经济社会发展。具体目标为：

（一）到2017年，基本完成“三通两平台”建设任务。

（二）构建利用信息化手段扩大优质教育资源覆盖面的有效机制，逐步缩小区域、城乡、校际之间的差距。

（三）推动信息技术广泛应用，促进教育教学方式转变，提高教育决策与管理水平。

（四）实现环境建设、应用驱动和机制创新三位一体协调发展，建设人人可享有优质教育资源的信息化学习环境。

二、试点任务

（一）探索统筹协调的领导机制。

明确责任主体。各级政府是教育信息化的责任主体。教育行政部门和各级各类学校是实施主体。校长是学校教育信息化工作的第一责任人。

构建推进机制。将教育信息化发展纳入地方信息化发展的总体规划，分级负责，分类实施，实行目标管理，形成省级统筹、上下联动、以县为主、多方协同的统筹推进机制。（省教育厅、省经信委、省发改委）

（二）探索推进基础设施建设的机制。

制定基础设施建设指导意见。编制“中小学校宽带网络校校通规范”“中小学现代教育装备规范”“数字校园示范校建设规范”。（省教育厅）

构建基础设施建设统筹推进机制。探索政府规划引导、企业参与建设、学校购买服务的基础设施建设机制。加强部门之间的统筹协调,整合资源,协同推进。充分发挥地方积极性,以市县为主实施建设。发挥市场作用,鼓励企业、社会力量参与基础设施建设。建设基础设施社会化支撑服务体系。到2015年底,基本实现每所中小学宽带接入和每个班级配备多媒体教学设备。(省经信委、省发改委、省教育厅、省通信管理局)

构建运行维护经费保障机制。统筹考虑,将运行维护经费纳入财政预算,在公用经费中单列,保障运行维护工作需要。(省教育厅、省财政厅)

(三)构建数字资源建设机制。

探索数字教育资源建设机制。建立企业竞争提供、师生广泛参与、多方共建共享的资源建设机制。按政府购买公益服务与市场提供个性化服务的思路,实现数字教育资源共建共享,为义务教育阶段师生免费提供基础性、公益性数字教育资源。(省教育厅、省财政厅、省发改委、省科技厅、省新闻出版广电局)

促进数字教育资源的整合汇聚。鼓励出版形式多样的优质数字教育资源,鼓励师生开发生成性资源。建立数字教育资源遴选、准入、评价和淘汰机制。(省教育厅、省新闻出版广电局)

(四)构建扩大优质教育资源覆盖面的机制。

提升教学点数字教育资源应用水平。完成新增教学点数字教育资源全覆盖建设任务,实现广泛应用,扩大"专递课堂"等应用模式覆盖面,创新教学点管理,探索中心校带教学点、"定点支教"等帮扶机制,在教学点开齐、开好国家规定课程。(省教育厅)

推进义务教育校校通、班班通。遵循省级统筹、分级推进的原则,通过以奖代补等形式,重点支持农村及边远贫困地区中小学基础设施建设,实现义务教育学校宽带网络全覆盖和优质资源"班班通"。(省教育厅、省经信委)

扩大优质教育资源覆盖面。推进"专递课堂""名师课堂""名校网络课堂"常态化应用,搭建教师网络备授课和研修平台,形成教研训一体化协作交流机制。开展中小学(教学点)共享优质教育资源试点,探索共享优质教育资源的实现模式及投入保障机制。(省教育厅)

(五)构建利用信息技术提高教育质量的机制。

开展教育信息化应用试点。选择若干不同经济和教育发展水平的区域，进行基础教育和职业教育信息化应用试点，探索区域范围内推进教育信息化的有效途径。选择100所左右中小学，开展信息技术条件下的教与学创新实践试点，探索多种形式的教学模式和以学习者为中心的个性化学习模式，提高教育教学质量。（省教育厅）

推进网络学习空间人人通。深化网络学习空间在教师研修、资源共享、互动教学、教学管理等方面的应用。到2015年底，基本实现我省初中以上学校师生普及网络学习空间。（省教育厅）

创新基础教育教学质量评价办法。建立教育质量监测评估系统，探索学生健康成长、教师专业发展综合评价办法，开展初中、高中学业水平考试与综合素质评价，促进高中课程改革和考试招生制度改革。（省教育厅）

推进职业教育信息化。加强职业教育学校信息化基础设施建设，加快构建职业教育数字教育资源，建设职业教育实习实训仿真中心，加强实践教学环节，创新仿真实训资源应用模式，开发一批虚拟仿真实训系统，建设10个左右适应省内优势产业发展需要的职业教育仿真实训中心。（省教育厅、省人社厅）

建立教师教育网络联盟。发挥华中师范大学等高校资源优势，开展师范院校专业建设、教育教学与管理、师范生培养等方面深度合作，开发在线课程与研修系统，探索学生跨校网上选课和学分互认，共享优质教师教育资源。（教育厅）

建设高校大规模开放课程。鼓励高校开发优质公共基础课、部分专业课在线课程资源，并实现开放共享。各高校省协同创新中心至少开发一门优质资源网络课程进行共享。推动高校精品课程和数字图书馆面向全省大学生开放。（省教育厅）

（六）探索不断提高教师信息技术应用能力的机制。

制定培训规划，探索信息化环境中教师角色定位、能力要求和培训模式，实行网络培训与现场培训相结合，中小学教师信息技术应用能力培训每五年不少于50学时。建立教师信息技术应用激励机制，将信息技术应用能力作为教师职称评审、岗位聘用和考核奖励的重要条件，列入办学水平评估的指标体系。加强对中小学校的指导，做好全员培训。（省人社厅、省教育厅）

（七）建设省级数字教育资源公共服务平台。

探索政府引导、企业建设、学校应用的平台建设模式和面向市场、公司化运作的运维模式，对接国家资源公共服务平台，形成多方参与、公平竞争、交易规范、开放共享的教育资源公共服务体系。（省教育厅、省发改委）

（八）建设教育管理公共服务平台。

完成省级数据中心建设，形成以学籍库、教师库、学校库为重点的教育管理基础数据库。面向各级管理部门和学校，建设覆盖教育管理与服务主要业务的管理公共服务平台，开发中学生综合素质评价、规范办学行为监管等系统，为破解择校、减负等重点难点问题提供支撑，提高教育管理现代化水平。（省教育厅、省发改委）

三、保障措施

（一）加强组织领导。

建立省级教育信息化协调机制，成立教育信息化专家咨询委员会。各级政府将试点省建设列入重要议事日程，加强统筹协调。各级教育行政部门要明确教育信息化工作机构，加大工作推进力度。（省教育厅、省发改委、省经信委等）

（二）创新激励机制。

完善信息化工作绩效评价和专项督导制度，建立教育信息化激励评估体系，把教育信息化建设和应用水平纳入评估范围，开展教育信息化建设与应用专项督查、评估，激励各地、各学校积极开展试点，加快教育信息化进程。（省教育厅）

（三）落实经费投入。

各级政府将教育信息化经费列入财政预算，提高学校公用经费用于教育信息化的比例，农村义务教育薄弱学校改造工程专项资金要重点考虑教育信息化建设与应用的需求。探索建立资金筹措的社会化机制，鼓励多方投入，鼓励电信运营商对学校宽带租用费给予最大优惠。加强教育信息化经费监管，提高资金的使用效益。（省财政厅、省教育厅、省经信委、省发改委、省通信管理局）

6.5 附录五

湖北教育信息化典型案例

一、区域典型案例——武汉硚口区

(一)背景与概况

近两年来,硚口区教育局在市教育局的指导下,紧紧围绕转型发展、跨越发展的中心任务和全市教育工作的重点,扎扎实实推进教育三件大事,努力实现"三个转变",为建设教育强区奠定了坚实的基础。在教育信息化方面,认真贯彻落实教育部《教育信息化十年发展规划(2010—2020 年)》和省、市教育信息化试点工作文件的精神,把教育信息化作为引领教育现代化的重要抓手,纳入硚口教育现代化的总体发展战略,统筹规划,优先保障。全区教育信息化基础环境建设有极大改善,校校通、班班通、人人通建设任务基本全面完成,极大地缩小了校际间的数字鸿沟,极大地提高了教师信息技术应用能力与素养,极大地促进了信息技术与教育教学的深度融合。教育信息化在深化教育改革、转变教与学方式、提高教育质量、建立教育强区方面发挥了重要支撑作用。

(二)特色与创新

1. 夯实试点工作基础——信息环境。全区普通中小学按照省、市要求基本上完成了宽带网络校校通的建设任务,学校宽带接入平均为 50M;校园内部网络环境综合采取有线、无线技术,实现了网络信息的全覆盖。全区普通中小学安装交互电子白板 1278 套,全面实现班班通。全区 60 所学校、4593 名教师和 30755 名学生开设个人空间,实现了学习空间人人通。除此之外,还建设远程录播教室 12 套,从基础建设上扩大了优质资源共享范围。

2. 突破试点工作难点——资源建设。结合省、市、区开展的教师教育技术能力大赛、"优质教育教学资源"评比等活动,向全区征集了优质的学科教学资源 800 多件;配合初中教学,通过区"高效课堂"竞赛活动,逐步建立学科教学资源包;三是通过

区教育局暑期第二轮培训和下校调研活动，推进学校机构空间和教师个人空间建设，形成并丰富内生的校本教学资源。全区12所教育云示范工程市级试点校全面建设学校课堂教学资源库，十一中、十一滨江初中、二十七中、六十四中、井冈山小学等成立校园信息中心或教研组，组织有特长和兴趣的老师无偿提供技术服务，整理归档教师教案、课件和试卷，上传至校园内网供教师备课使用，试点校纷纷发挥录播系统和信息教研组功能，利用录播教室将精品课程录制上传至学校空间，供学生在家学习和家长辅导使用。

3. 抓住试点工作关键——教师培训。充分利用暑期黄金月时间，协助组织武汉教育云2.0新平台的教师全员培训；区教育云专家小组还应邀对全区13所中小学校高效课堂、网络教研的专题案例培训；协助组织了“国培计划”湖北省中小学教师信息技术应用能力提升工程管理者培训。以武汉市教育云现场推进会展示活动为抓手，协助中小学教研室对全区教育云试点学校教师进行了“高效课堂”“空间应用”“网络教研”培训。

4. 突破试点工作重点——应用驱动。积极探索数字化高效课堂、同步课堂、网络教研、名师工作室和探究性学习等五大模式，推进规模化应用。全区开展的“高效课堂”视频大赛，解决了交互电子白板和武汉教育云“优课”资源的应用问题，让每位教师在常规的教学应用中动起来。教育云“空间应用”展示活动，着力教师空间的建设与应用，加强教师与教师、教师与学生、教师与家长的互动与共享，让空间在课堂教学、班级管理、家校沟通等方面发挥作用。

十一中戴勇、四初汪小兰、二十七中郑定凯等教师的空间脱颖而出，并在省市区推进会上展示。“网络教育”，着力解决网络教研的应用路径与方法，发挥网络教研在突破地域差异、师资差异和信息资源共享方面的作用，促进区校教育均衡，十一滨江中学充分应用武汉教育云平台，先后多次与市内外兄弟学校开展网络教研活动，深受教师欢迎，并已形成常态。

（三）成果与影响

两年来，硚口教育云试点工作取得了可喜成绩，得到了领导肯定、媒体关注、同行认可。教育部科技司王延觉司长、雷朝滋副司长，中央电教馆王珠珠馆长，省教育厅黄俭副厅长、科技处赵泽刚处长，电教馆方正平馆长和市教育局徐定斌局长、基教处夏春胤处长、朱俊副处长等领导，先后到硚口调研指导，并对硚口试点工作给予高度评价。2014 年 10 月 14 日，硚口承担的武汉市教育云规模化应用现场会召开，11 月 14 日，硚口区代表武汉市承担了全省教育信息化工作交流座谈会的信息化教学应用典型案例展示活动。在首届全国教育信息化区域应用典范推选活动中，硚口区荣获“全国教育信息化创新应用典范区域优秀实践奖”。此外，硚口区还先后接待了江西崇义县、云南沧源佤族县、新疆博乐市等 7 省市区县教育信息化考察团学习考察。

（四）经验与启示

1. 抓行政推动。硚口区成立了教育云示范工程领导小组，区领导任组长，区直相关部门为成员，通过制定实施方案，建立联席会制度，予以政策支持、组织保障。教育局内部也成立相应工作领导小组、工作专班，加强教育云试点工作规划、实施、评估、检查与组织协调。每学期要组织一次全区大规模推进活动，基层反响好，关注度高。

2. 抓专业带动。硚口区成立了教育云示范工程专家指导团,聘请了省市名师、学科带头人、信息技术专家为指导团成员,加强推进活动的业务指导,解决推进之惑。在教育云专班组织下,开展了"赛、展、研、训"等系列活动,带动应用,促进教师的专业发展。先后开展的教育云空间、视频优质课(包括微课)、电子白板等竞赛,空间建设与应用展示,一对一翻转课堂研究活动,极大激发了广大师生应用研究的热情。

3. 抓文化联动。硚口区鼓励学校、教师打破行政、规模、时间的限制,组建资源共建共享学区共同体、学科社区教研联盟、骨干教师名师工作室等,通过开放式、扁平化、个性化、碎片化的方式,弥补了推进工作的不足,丰富了教育云推进工作的内涵,让开放平等、学习交流、共建共享成为现代教师的一种重要教育文化生活方式。

4. 抓机制创新。硚口区在实践探索中,逐步形成了五大工作机制。即组织协调机制,坚持每月召开一次工作调度会;信息通报机制,通过教育局网站、教育云工作简报,对教育云推进工作中的重大事项、活动进行实时通报;资源汇聚机制,通过购买、征集和开发建立实用、有效的动态资源体系;成果推介机制,通过每学期的教育云推介会,向全区推介学校特色的应用成果与经验;绩效考评机制,将教育云推进工作纳入学校年末绩效考评的内容。

硚口经验有两点启示:一是推进工作要抓核心与关键。"三通工程"建设与应用没有现成的经验与模式,探索教育信息化发展的路径、模式与方法,就抓住了推进工作的核心与关键。硚口区教育信息化的推进路径为行政推动、专业带动、文化联动。行政推动具有驱动力,专业带动具有牵引力,文化联动具有自我约束力,三力融合,才能形成合力。推进工作是个系统工程,必须遵循规律,全面规划,系统思考,整体推进,发挥整体功效。二是推进工作要抓根本保障。硚口区注重实践创新,在推进工程中形成了五大运行机制,它将行之有效的推进制度、措施、方法、活动固化了下来,从而有效地保障了推进工作沿着科学规范、有序健康的方向前行。教育信息化推进工作绝不是一个运动、一个活动,能够一蹴而就的,它是一个长期的过程,要重视推进工作中长效机制的建立。

二、学校典型案例——三道街小学

(一)背景与概况

2010年9月,武昌区三道街小学制定了教育信息化发展五年规划,勾画了“以学生为中心,改变教学方式,走内涵发展,构建高效课堂,建设数字化校园”的发展蓝图。提出“让每一个孩子享受优质的教育公平”的理念,以“教育信息化提升学习效率”为切入点,实现知识呈现方式、学生学习方式的转变,带动学校全面、跨越式发展。

(二)特色与创新

1. 教育教学环境的信息化。学校按照自己掏一点,教育局投一点,企业赞助一点,上级奖励一点的方法,用将近四年的时间,基本完成信息化基础建设。2010年8月,重建了一间50人的计算机室。2011年9月,新建了一间计算机室;容纳200名的多功能报告厅的竣工;10月,中国电信的有线网络校园全覆盖;11月,22个教学班级全部安装了电子单板。2012年1月,60寸液晶一体机投入使用;12月,10块电子双白板设备和集录课、视频会议为一体的微格室建成。2013年1月,集电子备课室、电子阅览室为一体的学习中心投入使用;2月,因特尔一对一学习机提供给师生使用;5月,60个电子书包投入使用;8月,中国移动无线网络校园全覆盖。2014年4月,再添置了60个电子书包。

2. 师资培训的信息化。建立了“听”“查”“评”的考核评价制度。听:每月有计划、有目标地深入课堂听课,了解教师在教学中使用信息技术教育手段的情况。查:每月查硬件的使用率和软件的研制情况。评:每月评选优秀教案、优秀教材、优秀课件。对年轻教师的考核偏重教学观念、教学方式、教学方法的变革;对年纪大的教师偏重会操作、能习惯性使用。

通过常态的教研活动、网络教研、同步课堂等丰富多彩的校本教研,实现人人可时时、处处可互动的研讨学习的网络社区。校内教研:每周二教研活动时,以学科备课组为单位,在云平台上利用云备授课系统,组织教师教研活动。网络教研:实现校与校之间、片与片之间、跨地区的教研活动,目的是实现优质资源的共享,实现无时空界限的教学研究。同步课堂:教学资源同步、教材版本同步、教学进度同步、课堂评价同步、学生参与同步。在省教育厅、省电教馆和省信息中心的牵引下,学校和恩施龙凤镇教学点开展了手拉手服务。

3. 教育教学资源的信息化。首先是需求驱动,在武汉市教科院、武昌区教研培训中心的协助下,学校根据教师们的课堂教学实际需求,整理提出需要开发的相关教学资源。其次是应用反馈,公司技术人员根据学校提出的需求进行开发,将已开发好的资源让教师们大面积使用验证,并及时向公司反馈。然后是完善推广,公司技术人员跟进改正软件和技术,最终形成教学优质资源,达到"满足学校教学需求,优化企业设备软件,优质资源共享"的双赢效果。

(1)高效便捷的云备授课平台。学校的云备授课系统由电子教材、电子教案、碎片资源三部分构成。电子教材有两种版本,一种是纸质教材电子化,一种是目前学校着力开发的富媒体教材,即结合教学实际需求,在教材上做有视频、有释义、有知识的拓展,将图画、声音、文字融为动态过程。教案方面,学校规定工作5年以下的教师必须手写教案,5年以上的教师必须电子备课,设计专门的电子备课模板,利用插入工具,便于教师二次备课。碎片资源包括与本课密切相关的点对点资源,如教材解读,知识点动画,音、视频片段,参考图片,文本资料,练习题库等,教师可根据上课需要,直接将资源拖拽到电子教材相应位置,形成知识热点,授课时直接推送给学生。

(2)动漫课堂。动漫课堂的来源是教师在微格室随堂录播的课堂实录,在编辑中特加上教师教案、教学设计,这样的课堂实录方便了教师本人的观看与学习提高,也为学生回家学习提供了资源。

(3)微课程。为解决师生教学中的问题,学校以提高课堂效率为出发点,进行微课程的开发。微课程类别有语文、数学、体育、德育等7种类型。

4. 课堂教学的的信息化。学校不断探索信息技术和课堂教学有效融合，打造高效课堂：由最初的“30＋10”的课堂教学模式(30分钟讲课，10分钟练习)，到“20＋20”(20分钟讲课，20分钟练习)，不断研究如何利用信息技术节省教学中教师讲授的时间，加大学生知识的输出和拓展的练习。2013年，“魔方课堂”教学模式成形。2014年初“魔方课堂”教学模式高居武汉市第二届十佳高效课堂模式的榜首。

“魔方课堂”与魔方相对应：一个中心点为促进学生全面可持续发展，一个中心轴是信息技术，对应魔方的六个面是构建高效课堂的课堂目标问题化、课堂资源激活化、课堂学习自主化、课堂任务合作化、课堂思维图式化、课堂反馈可视化。六个面环绕中心轴扭动，围绕中心点转动，从而达到六因子和谐统一。信息技术为六个因子提供支撑，实现高效课堂。

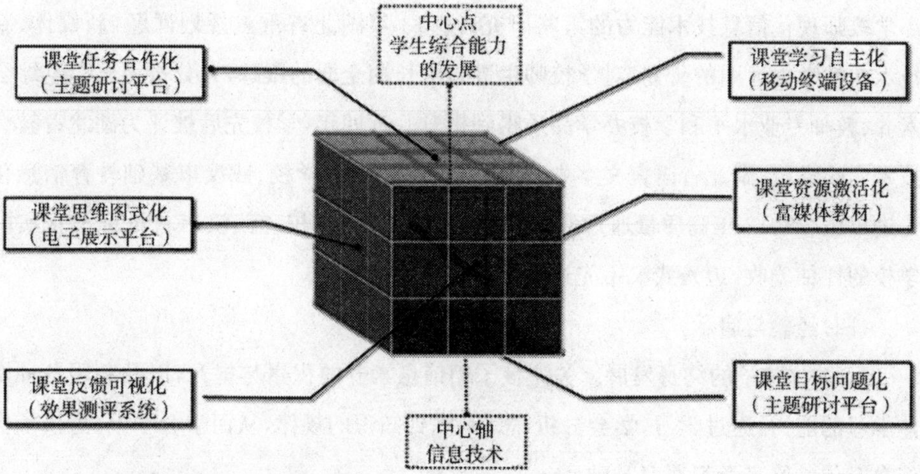

5. 学校德育评价管理的信息化。

(1)建立了“图说校园”。在区管理平台上，通过时光轴(以时间为坐标)用图片和简要文字形式记录学生在校学习生活。时光轴有学校、班级和学生三个层面。每个学生有一条属于自己的时光轴，所有师生时光轴合并形成班级时光轴，最终形成学校时光轴。

(2)建立电子版本的“蜜蜂争章”评比表。蜜蜂争章是根据学生素质发展的八项内容而设计的评价体系，有尚礼蜂、环保蜂、智慧峰、创新蜂、才艺蜂、爱心蜂、健体蜂、自律蜂,让德育评价及时化、节能化、系列化、完整化,从而让学生体验自我教育。

(3)德育活动的网络化。以“我们的节日”为尝试,以节日起源、传说、民俗习惯、经典诵读、纪念活动等内容为板块,进行了网络活动专栏网上、线下德育活动的有效结合,有力整合了各种资源,体现了德育活动的多样化、便捷化。

(三)成果与影响

2013年7月4日,中国教育报《教育信息化走向教育现代化》专题报道学校教育信息化工作;2013年8月,教育部杜占元副部长、王延觉司长到校视察;2013年9月24日,学校应邀参加了在哈尔滨举行的“全国信息化教学现场观摩活动经验交流会”;2014年4月,教育部基教二司刘昌亚副司长和科技司舒华副处长到校视察,领导专家们给予了学校高度的赞赏和评价。

通过“十一五”国家级课题《现代学习方式研究》和省科研规划办立项课题《提高小学教师现代信息技术能力的策略研究》,2013年湖北省重点规划课题《新媒体、新技术在教学中运用的研究》对学校师生进行了长期全面的跟踪,并分析得出学生综合素养、教师专业水平和学校办学品质得到提升。近四年,学校先后被评为湖北省教育技术实验学校、湖北省语言文字先进单位、湖北省绿色学校、武汉市基础教育信息化先进单位。2012年高质量通过武汉市素质教育特色学校和武汉市首批标准化实验学校的评估验收,迈入武汉市先进学校的行列。

(四)经验与启示

1. 关注孩子的终身发展。关注孩子们信息素养的积累与提升,以及利用各种媒体学习的能力,通过学习,学会分析、思考,找到知识的规律,从而学会学习,为孩子们信息时代的终身学习奠定基础。

2. 关注教师队伍的发展。师资队伍是学校教育教学质量的根本保证。教师必须改变固有的思维和行为模式,掌握必备的应用技术,不断学习、不断思考、不断革新自己的教学行为,提高教学效率,引领学生适应网络时代的学习与生活。

3. 关注信息资源的应用。教育资源的开发和利用是教育信息化的核心,在资源的建设方面做到四个有利于:有利于课堂教学,有利于学生自主学习,有利于质量评价,有利于学生动态的了解。教育资源应该让教师易用、可用、乐用,教育资源是通过集成的资源库,而不是课件或者积件;教育资源使用方式共享,而不是个别占有。

4. 关注教育信息化运用机制的创新。工作的推进需要健全的制度作为保障。在教育信息化工作推进中,学校不断完善管理机制和激励机制,让教育信息化内化为教师自身的需求。

学校获得的进步主要源于三点:一是校长重视信息化工作的程度;二是校企合作资源建设的模式;三是教育信息化工作推动了学校整体发展。三道街小学力求改变知识的呈现方式、创新课堂教学模式,努力打造高效课堂;创新德育教育形式和评价机制,构建高效德育;提升学生综合素质,培养学生学习能力,提升学生自信心和幸福感;提升学校办学品位,推动学校可持续发展,积累了宝贵的经验和财富。

6.6 附录六

湖北教育信息化发展研究中心简介

湖北教育信息化发展研究中心，是在湖北省教育厅支持下，依托华中师范大学建立的湖北省高校人文社科重点研究基地，中心主任吴砥教授是湖北教育信息化发展规划编制专家组副组长。中心主要致力于为湖北教育信息化发展提供政策研究、规划咨询、标准研制、绩效评估等支持，并积极开展教育信息化国际比较研究、国内区域对比分析研究、信息化教育教学创新研究，力争为湖北教育信息化试点省建设和教育信息化持续快速发展提供有力的科研支撑。

6.7 附录七

湖北省教育信息化规划编制组专家名单

华中师范大学教授，校长	杨宗凯
华中师范大学国家数字化学习工程技术研究中心教授	吴砥
华中师范大学教育信息技术学院教授，院长，纽约州立大学终身教授	杨浩
武汉职业技术学院党委委员、书记	张玲
华中师范大学教育学院教授，院长	涂艳国
华中师范大学职业与继续教育学院院长	刘建清
华中师范大学网络与信息服务中心主任	卢子洲
华中师范大学教育信息技术学院教授，常务副院长	刘清堂
华中师范大学政策研究室主任	付义朝
华中师范大学教育信息技术学院教授，数字教育资源中心主任	王继新
湖北师范学院教育信息与技术学院教授，院长	李书明
武汉西藏中学校长	彭开云
华中科技大学远程与继续教育学院院长助理，教授	付莉红
华中师范大学教育学院教授，副院长	雷万鹏
湖北大学教育学院教授，副院长	雷体南
华中师范大学国家数字化学习工程技术研究中心教授，副主任	刘三妤
华中师范大学教育信息技术学院教授，教师教学发展中心副主任	吴军其
华中师范大学化学学院教授	王后雄
华中师范大学教育学院教授	郭元祥
华中师范大学教育信息技术学院教授	张屹
华中师范大学教育信息技术学院教授	熊才平
武汉大学教育技术研究所所长，副教授	韩立龙
湖北长江盘古教育科技有限公司总经理	章雪峰
华中师范大学教育信息技术学院副教授	郑旭东